吴文珑 ——— 著

老一辈革命家家风

生活·讀書·新知 三联书店

Copyright © 2022 by SDX Joint Publishing Company.
All Rights Reserved.

本作品版权由生活・读书・新知三联书店所有。
未经许可，不得翻印。

图书在版编目（CIP）数据

老一辈革命家家风 / 吴文珑著. —北京：生活・读书・新知三联书店，2022.1 （2022.12 重印）（2024.10 重印）
ISBN 978-7-108-07326-6

Ⅰ. ①老… Ⅱ. ①吴… Ⅲ. ①品德教育-中国-通俗读物 Ⅳ. ① D648-49

中国版本图书馆 CIP 数据核字（2021）第 248202 号

责任编辑	唐明星
装帧设计	罗　洪
责任校对	曹忠苓
责任印制	卢　岳
出版发行	生活・讀書・新知 三联书店
	（北京市东城区美术馆东街 22 号 100010）
网　　址	www.sdxjpc.com
经　　销	新华书店
印　　刷	河北松源印刷有限公司
版　　次	2022 年 1 月北京第 1 版
	2024 年 10 月北京第 5 次印刷
开　　本	635 毫米 × 965 毫米　1/16　印张 16
字　　数	178 千字
印　　数	17,001-20,000 册
定　　价	49.00 元

（印装查询：01064002715；邮购查询：01084010542）

目 录

序 言   1

一 永远做人民忠实的勤务员   5
    毛泽东：谁让他是毛泽东的儿子   5
    刘少奇：要肯于为大家的事情吃亏   13
    朱德：要接班不要接官   19
    任弼时：将来一定要为人民做事   27
    陈云："要为大家'当差'"   33

二 孝敬父母才肯为别人服务   39
    毛泽东：前人辛苦，后人幸福   39
    刘少奇：中南海的"幸福之家"   45
    周恩来：《新华日报》刊讣告   50
    朱德："无名母亲"的追悼会   58
    邓小平：待继母如生母   66

三 你们一定要尊敬老师   74
    毛泽东：主席的老师更应该坐上席   74
    周恩来：我没有老师教导不会有今天   84
    刘少奇：我永远忘不了这位启蒙老师   91
    朱德：如兹美风仪，天下知重师   98
    陈云：师大毕业还是教书好   104

四 不要把我挂在你们嘴边唬人   111
    毛泽东：不要使政府为难   111

刘少奇：主席的亲戚也不能搞特殊　　　120
　　　周恩来：过"五关"与"十条家规"　　　127
　　　朱德：干部子女要克服"优越感"　　　136
　　　陈云：以普通劳动者自居　　　142

五　什么事都应执行勤俭的原则　　　149
　　　毛泽东：补丁叠补丁的衣服好穿　　　149
　　　刘少奇：尝尝吃不饱的滋味有好处　　　155
　　　周恩来："百衲巾"和"三代裤"　　　161
　　　朱德：朴素浑如田家翁　　　167
　　　陈云：浪费和贪污一样都是犯罪　　　173

六　应该用铁的纪律来要求亲人　　　179
　　　毛泽东：《蝶恋花》背后的保密故事　　　179
　　　周恩来：我肚子里还装着很多话没有说　　　186
　　　朱德：每人只绑一只手行不行　　　192
　　　任弼时：凡事不能超越制度　　　196
　　　陈云：国家机密"怎么可以在家里讲"　　　201

七　个人的权力和地位没有吸引力　　　207
　　　毛泽东：全国解放了也不祝寿　　　207
　　　周恩来：故居约法　　　213
　　　朱德：一个合格的老兵足矣　　　218
　　　任弼时：我就是坐办公室的　　　223
　　　陈云：个人名利淡如水　　　228

余　论　　　233
参考文献　　　239
后　记　　　251

序　言

　　党的十八大以来，习近平总书记高度关注家风建设。他在诸多场合的重要讲话，都体现出对挖掘和阐发传统家风文化，重视家庭、家教、家风建设的深切关怀。2013年8月，在全国宣传思想工作会议上，他指出："要认真吸收中华优秀传统文化的思想精华和道德精髓，深入挖掘和阐发中华优秀传统文化讲仁爱、重民本、守诚信、崇正义、尚和合、求大同的时代价值，并结合新的时代条件加以继承和发扬，使之成为涵养社会主义核心价值观的重要源泉。"[1] 2015年春节团拜会上，关于家风建设，他提出了"三个注重"："家庭是社会的基本细胞，是人生的第一所学校。不论时代发生多大变化，我们都要重视家庭建设，注重家庭、注重家教、注重家风。"[2] 2016年1月12日，他在中国共产党第十八届中央纪律检查委员会第六次全体会议上发表讲话强调："每一位领导干部都要把家风建设摆在重要位置，廉洁修身、廉洁齐家，在管好自己的同时，严格要求配偶、子女和身边工作

---

[1]《坚定文化自信，建设社会主义文化强国——学习〈习近平关于社会主义文化建设论述摘编〉》，《人民日报》2017年10月16日。

[2]《学党章党规　学系列讲话　做合格党员》编写组：《学党章党规　学系列讲话　做合格党员》，北京：人民出版社，2016年，第88页。

人员。"[1]在会见第一届全国文明家庭代表时,他提出要"动员社会各界广泛参与,推动形成爱国爱家、相亲相爱、向上向善、共建共享的社会主义家庭文明新风尚"[2]。在党的十九大报告中,他着重强调:"深入实施公民道德建设工程,推进社会公德、职业道德、家庭美德、个人品德建设,激励人们向上向善、孝老爱亲、忠于祖国、忠于人民。"[3]习近平总书记的这些重要讲话,深刻阐明了家风建设的重要意义。

应当看到,在新时代深入实施公民道德建设工程的过程中,家风已与政风、党风一同形塑当今中国的社会风气。随着当今世界与中国现代化进程的不断推进,家庭文化中的许多内容也同传统一道被视为保守、落后的东西而被摒弃。因此,在当前,家风的接续和传承正面临严峻挑战,这不能不引起我们的重视。实际上,传统文化中有很多重要的、有价值的东西,我们完全可以看到优良家族文化对社会发展所能起到的正面意义。"中国的现代化所意含的不是消极地对传统的巨大摧毁,而是积极地去发掘如何使传统成为获致当代中国目标的发酵剂,也即如何使传统发生正面的功能。"[4]

---

[1] 习近平:《在第十八届中央纪律检查委员会第六次全体会议上的讲话》,北京:人民出版社,2016年,第12页。

[2] 习近平:《在会见第一届全国文明家庭代表时的讲话》,《人民日报》2016年12月12日。

[3] 习近平:《决胜全面建成小康社会 夺取新时代中国特色社会主义伟大胜利——在中国共产党第十九次全国代表大会上的报告》,北京:人民出版社,2017年,第43页。

[4] 金耀基:《中国现代化与知识分子》,台北:时报文化出版事业有限公司,1977年,第8页。

鉴于此，本书在继承已有研究的基础上，综合运用包括第一手史料、回忆性著述等在内的相关重要文献，尝试对中国共产党老一辈革命家家风的内容、表现形式、形成原因等进行细致爬梳。作为马克思主义政党，中国共产党自成立以来便为我们留下了诸多优良作风与传统。在革命、建设和改革开放的各个时期，这些优良作风与传统始终作为一种潜在的精神力量，支持和配合着当时正在进行的革命建设事业，其作用已经越来越受到人们的关注和重视。而中国共产党老一辈革命家的家风，则以一种隐性的形态，作为这些优良传统和作风的重要组成部分，存在于特定家庭的日常生活之中。

需要指出的是，限于篇幅和体例等原因，本书对中国共产党老一辈革命家家风的研究，在具体的指称对象上，主要集中于毛泽东、周恩来、刘少奇、朱德、任弼时、陈云、邓小平，但这样的书写并不意味着其他老一辈革命家的家风就不重要或不值得肯定。另外，由于文化传统只是一个参照，它也存在不断创造性转化的问题。因此，对老一辈革命家家风的学习，我们应重在汲取其中的精神养分和思想内核，而没有必要亦步亦趋。

一　永远做人民忠实的勤务员

有家才有国，有国才能保家，家庭与国家是不可割裂的。所谓"家国相连"，是指家庭与国家紧密相关，家庭利益与国家利益辩证统一，家庭梦想与国家梦想共同实现。[1]《礼记·大学》曾云："古之欲明明德于天下者，先治其国；欲治其国者，先齐其家。"习近平总书记提出的"中国梦"也蕴含着相似的要义，即强调必须将家庭、国家与人民的福祉有机结合起来。中国共产党老一辈革命家的家风，从整体上看，也是有着爱国为民的传统底蕴和深刻内涵的。

毛泽东：谁让他是毛泽东的儿子

立党为公、执政为民是党的立党之本、执政之基和力量之源。作为党的第一代领导集体的核心，毛泽东不仅是这一理论主张的先行倡导者，而且是它的模范实践者。毛泽东曾经指出："为什么人的问题，是一个根本的问题，原则的问题。"[2]他所一贯坚持

---

[1] 张红艳：《马克思恩格斯家庭伦理思想及其当代价值》，桂林：广西师范大学出版社，2015年，第224页。
[2] 毛泽东：《毛泽东选集》（第三卷），北京：人民出版社，1991年，第857页。

和倡导的，就是一种人民主体论的价值观念。这种价值观念以人民为最高的价值主体和评价主体，以人民群众的利益、要求和实践为最高的价值标准和评价标准。[1]毛泽东不但是这么要求自己的，也是如此要求家人的。

行动最能体现一个人的修为和品格。因此，毛泽东教育子女和身边人要积极投身到为国为民的革命和建设事业当中。1946年1月，毛岸英从苏联回国。当毛岸英将毛岸青已考取莫斯科东方大学的消息告诉父亲时，毛泽东当即给远在异国的毛岸青写了一封家书[2]：

岸青，我亲爱的儿：

岸英回国，收到你的信，知道你的情形，很是欢喜。看见你哥哥，好像看见你一样。希望你在那里继续学习，将来学成回国，好为人民服务。你妹妹（李讷）问候你，她现已五岁半了。她的剪纸，寄你两张。

祝你进步，愉快，成长！

毛泽东

一九四六年一月七日

在这封家书中，毛泽东不忘叮嘱毛岸青要"为人民服务"。1955年，毛泽东决定送儿媳刘思齐去莫斯科大学深造。刘思齐出

---

[1] 李德顺：《毛泽东的价值观——人民主体论初探》，《哲学研究》1993年第6期。
[2] 中共中央文献研究室编：《老一代革命家书选》，北京：中央文献出版社、生活·读书·新知三联书店，1990年，第32页。

国前患上感冒。在病中,她给毛泽东写了一封信,希望临走前能见一见他。毛泽东马上给她写了一封回信[1],信中说:

思齐儿:

信收到。患重感冒,好生休养,恢复体力,以利出国。如今日好些,望来此一看;否则不要来。最要紧是争一口气,学成为国效力。

祝好!

父字

一九五五年八月六日

信中,毛泽东在嘱咐刘思齐保重身体的同时,希望她要"争一口气",以"为国效力"。

类似的例子还有不少。1947年8月,李银桥被调到毛泽东身边当卫士。后来,他在自己的回忆录《跟随毛泽东十五年》一书中,写到他与毛泽东第一次见面时,毛泽东曾对他说过的一句话:"你到我这里来,我们只是分工不同,都是为人民服务。"[2] 1962年6月3日,毛泽东在给儿媳张少华的信中说:"要好生养病,立志奔前程,女儿气要少些,加一点男儿气,为社会做一番事业,企予望之。"[3] 女儿李敏也回忆说:爸爸不止一次地

---

[1] 中共中央文献研究室编:《建国以来毛泽东文稿》(第五册),北京:中央文献出版社,1991年,第279页。

[2] 权延赤:《卫士长谈毛泽东》,北京:人民日报出版社,2010年,第11页。

[3] 中共中央文献研究室编:《老一代革命家家书选》,北京:中央文献出版社、生活·读书·新知三联书店,1990年,第65页。

向我们提出要到工厂、农村参加劳动。他要求我们要向工农学习，拜他们为师，和群众打成一片。作为毛泽东的女儿，无论是过去还是将来，我都为此感到骄傲。[1]

毛泽东一直非常清楚革命的目的是为了人民，而要取得革命的胜利更需要人民的拥护和支持。他常对身边人说："我们走到哪里，都不要忘记为民兴利除弊。我们共产党的干部战士，就是为人民服务的。"[2]毛泽东从小就无限同情劳苦大众，这与他母亲文素勤的言传身教有很大关系。文素勤是一位勤劳善良的农村妇女，性情温和，品德敦厚，同情贫弱，乐于助人，在虔诚地烧香拜佛时常把"因果报应""积德行善"等理念灌输给下一代，且经常帮助和接济有困难的乡亲。每逢灾荒年月，她还不时背着丈夫送米给讨饭逃荒的人，这些都使毛泽东耳濡目染、潜移默化。[3]

当然，最能体现毛泽东这一高尚情怀的还是他对毛岸英的期许和要求。1949年北平解放后，首批进入北平的队伍中就有毛泽东的儿子毛岸英。他和两名扫雷专家带领一个工兵排，承担了排除重要设施和处所的地雷、炸药的重任。这其实是一项危险系数非常高的工作，但毛泽东却没有阻止，因为他明白，作为主席的儿子，毛岸英必须要有为革命不怕牺牲的精神。

也正因为如此，当中共中央做出抗美援朝的决定后，在毛泽东的支持与鼓励下，毛岸英立即提出要参加志愿军。当时，毛

---

[1] 参见李敏：《我的父亲毛泽东》，沈阳：辽宁人民出版社，2001年，第259页。
[2] 李银桥、权延赤：《毛泽东的故事》，高聚成选编，北京：中国青年出版社，1992年，第36页。
[3] 李焱平：《全心全意为人民服务的典范——毛泽东时时处处关心人民疾苦》，《党史文汇》2016年第7期。

泽东身边的工作人员曾劝说，毛岸英还是不要去朝鲜参战了，因为毛泽东已经在革命战争年代失去了五位亲人。但是，毛泽东却断然拒绝了这一建议，他回答道："谁叫他是毛泽东的儿子！他不去谁还去？"[1]

毛岸英就是这样经过毛泽东同意随志愿军总部入朝作战的，从事志愿军司令部的俄文翻译和机要工作。毛泽东爱他，在他身上寄托着厚望，但毛泽东不把毛岸英看成只属于自己的，而是属于党、属于人民的，因此他应当报效祖国。1950年11月25日，第二次战役发起的当天，三架美军B-29型轰炸机从志愿军司令部驻地上空掠过，没有投弹。做了防空准备的人们松了一口气。不料，敌机突然掉转头，向志愿军司令部驻地投下了几十枚凝固汽油弹，作战室被吞没在一片火海中，正在屋内值班的毛岸英献出了年轻的生命。[2]

当天，彭德怀向中央军委专门做了汇报，短短的电文，竟写了一个多钟头。电报到了周恩来手中。周恩来深知这对毛泽东的打击会有多大，他不愿在毛泽东指挥战役的紧张时刻去分他的心，便把电报暂时搁下。直到1951年1月2日，他才把电报送给毛泽东、江青，并附信说："毛岸英同志的牺牲是光荣的。当时我因你们都在感冒中，未将此电送阅。"[3]周恩来的信和彭德怀的电报，由机要秘书叶子龙送给毛泽东。当时毛泽东正在办公

---

[1] 高中华、尹传政：《毛泽东与共和国非常岁月》，北京：人民出版社，2013年，第116页。

[2] 逄先知、金冲及主编：《毛泽东传》（三），北京：中央文献出版社，2011年，第1109页。

[3] 同上，第1110页。

室，信和电报都不长，他却看了很久。叶子龙一直静静地站在那里。毛泽东强压着悲痛的心情，说了一句话："唉！战争嘛，总要有伤亡。"[1]他痛吟了南北朝时期文学家庾信的《枯树赋》："'此树婆娑，生意尽矣！'至如白鹿贞松，青牛文梓，根柢盘魄，山崖表里。桂何事而销亡？桐何为而半死？……昔年种柳，依依汉南，今看摇落，凄怆江潭。树犹如此，人何以堪！"1953年7月，当与毛岸英结婚刚一年就分离的妻子刘思齐得知噩耗时，悲痛欲绝，伏在毛泽东身上撕心裂肺地哭起来。毛泽东忍不住又一次伤心恸哭，大滴的泪珠流淌到面颊。周恩来上前劝慰刘思齐时，突然感觉到毛泽东的手冰凉，心里一惊，急忙劝刘思齐节哀和克制。[2]

事后，时任中国人民志愿军司令员兼政治委员的彭德怀向毛泽东详细汇报了毛岸英牺牲的经过，并以内疚的心情检讨说："主席，你让岸英随我到朝鲜前线后，他工作很积极。可我对你和恩来几次督促志司注意防空的指示不重视，致岸英和高参谋不幸牺牲，我应当承担责任，我和志司的同志们至今还很悲痛。"[3]

毛泽东听罢，一时沉默无语。片刻之后，他望着紧张不安的彭德怀说："打仗总是要死人的嘛！中国人民志愿军已经献出了那么多指战员的生命。岸英是一个普通的战士，不要因为是我的

---

[1] 逄先知、金冲及主编：《毛泽东传》（三），北京：中央文献出版社，2011年，第1110页。

[2] 薛鑫良：《毛泽东为国为民丧爱子》，《学习时报》2011年12月27日。

[3] 《彭德怀传》编写组编：《彭德怀传》，北京：当代中国出版社，1993年，第453页。

儿子，就当成一件大事。"并叮嘱说："现在美国在朝鲜战场上使用各种飞机约一千多架，你们千万不能疏忽大意，要采取一切措施保证司令部的安全。"[1]

对于毛岸英之死对毛泽东的影响，杨尚昆在他的日记中是这样写的："岸英死讯，今天已不能不告诉李得胜[2]了！在他见了程颂云[3]等之后，即将此息告他。长叹了一声之后，他说：牺牲的成千上万，无法只顾及此一人。事已过去，不必说了。精神伟大，而实际的打击则不小！这是没有办法的事。有下乡休息之意。"[4]然而，如此的打击也丝毫未改变毛泽东对家人爱国为民情怀的希望和要求。1951年3月，他对湖南第一师范的老同学周世钊说："当然，如果说我不派他去朝鲜战场，他就不会牺牲，这是可能的，也是不错的。但是你想一想，我是极主张派兵出国的，因为这是一场保家卫国的战争。我的这个动议，在中央政治局的会上提出，最后得到了党中央的赞同，做出了抗美援朝的决定……要作战，就要有人，派谁去呢？我作为党中央的主席，作为一个领导人，自己有儿子，不派他去抗美援朝、保家卫国，又派谁的儿子去呢？人心都是肉长的，不管是谁，疼爱儿子的心都是一样的。如果我不派我的儿子去，而别人又人人都像我一样，自己有儿子也不派他去上战场，先派别人的

---

[1]《彭德怀传》编写组编:《彭德怀传》，北京：当代中国出版社，1993年，第454页。
[2]"李得胜"是毛泽东1947年转战陕北期间使用的名字。
[3] 即程潜。
[4] 杨尚昆:《杨尚昆日记》(上)，北京：中央文献出版社，2001年，第69页。

儿子去上前线打仗，这还算是什么领导人呢？"[1]彭德怀在谈及此事时，也对毛泽东的家国情怀表示无比钦佩和赞扬："国难当头，挺身而出，不是每个人都能做到的。有些高级干部就没有做到。但毛主席和毛岸英父子俩都做到了，岸英是自己坚决要求到朝鲜去抗美援朝的。1947年3月我们主动撤离延安时，主席也是最后撤离的啊！"[2]

毛岸英牺牲后，经毛泽东同意，他和千万个志愿军烈士一样，长眠在朝鲜的国土上[3]，成为中朝人民友谊的象征。

1945年4月24日，毛泽东在中共七大政治报告《论联合政府》中曾说："无数革命先烈为了人民的利益牺牲了他们的生命，使我们每个活着的人想起他们就心里难过，难道我们还有什么个人利益不能牺牲，还有什么错误不能抛弃吗？"[4]弘扬和坚持全心全意为人民服务的根本宗旨和革命精神，对于我们继往开来具有十分重要的现实意义和深远的指导意义。如果我们的领导干部，特别是高级干部及其子女都能具有毛泽东那样的爱国精神和爱民情怀，我们的党群关系就一定如鱼得水，党的队伍就一定兴旺发达，社会主义现代化建设和中华民族伟大复兴的目标就一定能够实现。

---

[1] 毛新宇：《母亲邵华》，北京：中国工人出版社，2014年，第212页。
[2] 赵大义：《毛泽东》，北京：中央文献出版社，2006年，第98页。
[3] 1958年7月22日，毛泽东会见苏联驻华大使尤金时曾说："共产党人死在哪里，就埋在哪里。……我的儿子毛岸英死在朝鲜了。有的人说把他的尸体运回来。我说，不必，死哪里埋哪里吧！"参见逄先知、金冲及主编：《毛泽东传》（三），北京：中央文献出版社，2011年，第1110页。
[4] 毛泽东：《毛泽东选集》（第三卷），北京：人民出版社，1991年，第1097页。

刘少奇：要肯于为大家的事情吃亏

同毛泽东一样，刘少奇也十分重视子女和身边人的家教家风，要求他们树立无产阶级的世界观和共产主义的远大理想。在日常生活中，每个人都会遇到如何处理个人利益与集体利益、国家利益，眼前利益与长远利益的问题。对此，刘少奇告诫子女，个人利益、暂时利益是要照顾的，但在同人民利益、整体利益和长远利益有矛盾时，就要把暂时的、个人的利益牺牲一些，有时就要吃点亏，这就叫有远见、有理想。

为了帮助子女确立这种无产阶级价值观，刘少奇经常要求子女"在任何时候、任何问题上都要首先考虑集体的利益，把集体利益摆在前面，把个人愿望、个人利益摆在服从的地位；当个人愿望和个人利益同集体利益发生矛盾时，应该肯于为了集体的利益而牺牲个人的利益"[1]。

1955年5月，刘少奇在写给儿子刘允若的信中就指出："不要怕自己吃了一点亏，不要去占别人的便宜。""要肯于为大家的事情吃一点亏。"[2] 1960年1月，在一次家庭聚会上，当着亲戚和子女的面，刘少奇再次指出：人活一辈子总要对社会有所贡献，要贡献多一些才好；在我们社会里，只要有贡献，大家都会看到；占小便宜，吃大亏，这是合乎马列主义、无产阶级世界观

---

[1] 中共中央文献研究室、中央档案馆编：《建国以来刘少奇文稿》（第七册），北京：中央文献出版社，2008年，第192页。
[2] 同上书，第190、191页。

的。[1] 1963年5月,他给女儿刘平平写信说:"我们希望你能决心做个进步的、革命的青年,具有远大的共产主义理想,具有雷锋式的平凡而伟大的共产主义精神,能够真正继续承担起革命前辈的革命事业。""为了人民和集体,可以有所牺牲,……但是,只要你真正决心献身于伟大的共产主义事业,决心把我们的国家建设成为富强的社会主义国家,真正关心全世界人民的解放事业,任何困难都是能够克服的,虽然吃了苦,吃了亏,你反而会心情愉快,心情舒畅的。希望你认真地考虑。只要你真正决心做个进步的、革命的青年,永远听党的话,并严格地要求自己、管束自己,依靠老师、同学和家里的帮助,你一定能够给党和人民做出更多的工作,党和人民一定会更喜爱你的。"[2] 长子刘允斌学业即将结束时,刘少奇特意给他写信说:"祖国和人民等待着你的归来。在个人利益和党的利益发生冲突的时候,我相信你一定能无条件地牺牲个人的利益而服从党和国家的利益。"[3] 在父亲的教导下,刘允斌做出了顾全大局的选择,回到祖国,投身于原子能科技研究事业。

在这些自述和写给子女的信中,刘少奇语重心长地指出:"如果把名利当作理想,这理想是庸俗的,青年要有高尚的理想,就是为了六亿人民的幸福,宁肯自己吃亏,当建设时期的游击队、侦察兵,做建设时期的开路先锋,不怕吃苦,准备在野外干

---

[1] 刘崇文、陈绍筹主编:《刘少奇年谱(1898—1969)》(下卷),北京:中央文献出版社,1996年,第476—477页。

[2] 中共中央文献研究室编:《老一代革命家家书选》,北京:中央文献出版社、生活·读书·新知三联书店,1990年,第152页。

[3] 刘爱琴:《我的父亲刘少奇》,北京:人民出版社,2009年,第250页。

几十年,最后人民会信任你们。""你能如此做去,你就会获得成功,而你个人所需要的一切,也将会获得满足。"[1]这些话虽然通俗,却诠释着深刻的道理。

刘少奇上述无产阶级思想的形成,与他从小的成长环境和受到的家教密不可分。刘少奇的祖父刘得云虽读书不多,但为人正直,乐于助人,因此受到当地群众的尊重。刘得云对家境困难的乡亲,在钱粮上很大方。遇到荒时暴月,一些贫困的群众到他家借钱借粮,只要家里有,他总是尽一切努力设法帮助他们。对少量的钱粮,他都是先叫人拿回去应急,也不要他们还;就是逃荒讨米的人上门,也会有饭菜吃。[2]而他的父亲刘寿生同其父刘得云一样,为人忠厚老实,心地善良,办事公道,乐于助人,在群众中也很有威望。刘少奇是刘寿生寄托厚望的小儿子,他总是盼望刘少奇多读些书,将来为国家、社会做一番事业。刘寿生在弥留之际,仍再三嘱咐家人要让刘少奇多读些书,掌握文化科学知识,提高他的工作、劳动、治家的能力,这在当时是很有远见和难能可贵的。所有这些,都对刘少奇的人生道路和价值取向产生了重要影响。

刘少奇上述对子女和身边人的谆谆教诲,也是他在长期的革命、建设过程中形成的深厚的为民情怀的折射和反映。1922年,刘少奇从苏联留学归来后,领导了安源路矿工人大罢工。罢工胜利后,工人出于对刘少奇的爱戴,提出每月给他200块银洋的薪

---

[1] 中共中央文献研究室第二编研部编著:《刘少奇自述》,北京:国际文化出版公司2009年,第180、181页。

[2] 何光国:《人民公仆刘少奇》,北京:中国工人出版社,1997年,第3页。

金,但是,刘少奇却只要了 15 块作为生活费。[1]当时,工人们大都不理解,误以为他是嫌钱少了,私下又议论说,矿局的矿长每月工资是 420 块银洋,刘少奇为工人办了这么多好事,给 300 块是应该的。于是,他们又给增加了 100 块,但刘少奇仍然婉言谢绝。后来,刘少奇在积极分子会上做了解释,讲明共产党人不是为了金钱,而是要让天下受苦的人得解放;党的干部是人民的公仆,生活不能高于人民,不能贪求享乐的道理。此后,这些工人对刘少奇更加肃然起敬。

1942 年,党中央调刘少奇回延安,华中局 100 多名干部随行,这是一次极端严酷和艰险的长途行军。由于连日连夜急行军,一路上生活又比较艰苦,一些随行人员得了肠胃病,腹泻很厉害。刘少奇知道后,每天派人去看望他们,又叮嘱身边的工作人员要很好地照顾他们,阻止病情继续发展。同时,他还将为他准备的一些食品和药品,分送给病人吃。[2]

当时,根据地还不能制造药品,华中局一些战士特地从上海设法买到部分药品,以备刘少奇在长途行军中服用。当他们了解到刘少奇要将食品和药品都分给病人吃的想法后,认为这些虽是简单的成药,但在当时的环境下尤其宝贵,因此提议刘少奇把吃的东西送给病员,药留下来。刘少奇知道他们的想法后,恳切地告诫大家说:"这些药目前就摆在这里,可是,你们却要留给现在没有病,准备给将来生病的人去用,这怎么行? 药,本来是给

---

[1] 参见黄爱国、杨桂香:《安源路矿工人运动研究》,南昌:江西人民出版社,2013 年,第 120 页。

[2] 孙中华:《刘少奇为民务实清廉二三事》,《红广角》2014 年第 1 期。

病人吃的,就是治病救人的嘛!凡是参加革命的人,任何一个人都是革命大家庭的一员,病了应该吃药,我们应该设法找药给他们吃。"[1]后来,刘少奇还是把药品和食物送给了病员,在他的关心下,病员的病情都有了好转,慢慢地恢复了健康。

刘少奇和随行人员在山东抗日,正赶上日军扫荡,因此他经常随八路军115师师部的战士转移。连日的急行,刘少奇和战士们都十分疲劳,引路的战士急匆匆地带他们到一户贫农家休息。这户人家有五口人,住着两间小北屋,里间的炕上躺着一个老人,面带病容,似乎正身患重病。当刘少奇一行走进屋子时,看到老人的儿子和儿媳为给刘少奇腾房间,准备把老人搬到他们自己住的炕上去。刘少奇发觉后,急忙摆手示意他们不要再搬。他对跟来的战士说:"怎么能占用病人的房子呢?病人是需要舒适和安静的。我们什么地方都可以睡,就是一夜两夜不睡觉,又有什么关系!"[2]其实,他已经几天没有好好睡觉了。

这对农民夫妇听后,激动地对刘少奇说:"你们为我们老百姓没日没夜地干工作,打鬼子,够辛苦了。我们随便凑合几天,腾出间把房子,让你们好好歇一下,难道还不应该?"[3]刘少奇却仍坚持不占用老人的房间,和警卫员在外间的堂屋睡了一夜。第二天,刘少奇还把部队医生叫来给老人治病。经过治疗,老人的病逐渐好转,这家农户也和八路军战士建立了亲密的友谊。

---

[1] 孙中华:《刘少奇为民务实清廉二三事》,《红广角》2014年第1期。
[2] 同上。
[3] 于俊道主编:《刘少奇实录》,北京:中国工人出版社,2012年,第182页。

哪怕身处险境,刘少奇首先想到的也是人民群众。1960年4月的一天,为选定葛洲坝坝址,刘少奇亲自乘轮船前往现场视察。晚上,轮船顺水而下向武汉驶去。刘少奇此时正在审阅随身而带的文件。突然,天空乌云滚滚,江面浪花翻腾。船员判断,这是龙卷风要来的预兆。正当全体船员果断采取紧急措施时,在航道的前方,部分船员发现有几只小木船在巨浪中颠簸,瞬间就有倾覆的危险。刘少奇得知附近小木船的险情后,立即命令船长首先救援小木船。他坚定地说:"不能因为我个人安全就不救群众。正因为是国家主席坐的船,更应该首先抢救人民!"[1]在船长的指挥下,大家用缆绳把这几条小木船与轮船拴在一起,木船上的人也脱离了危险,刘少奇这才放心地回到了船舱。

刘少奇曾说:"人民的利益,即是党的利益。除了人民的利益之外,党再无自己的特殊利益。最广大人民群众的最大利益,即是真理的最高标准,即是我们党员一切行动的最高标准。"[2]作为第一代中央领导集体的核心成员,刘少奇始终与人民群众心连心,与人民群众保持着休戚与共的血肉联系。无论是在战争年代,还是在社会主义革命和建设时期,他始终保持人民公仆本色,要求子女和亲友克己奉公、无私奉献,这充分体现了共产党人的高风亮节和人格魅力。

---

[1] 孙中华:《刘少奇为民务实清廉二三事》,《红广角》2014年第1期。
[2] 中共中央文献研究室、中央档案馆编:《建党以来重要文献选编(1921—1949)》(第22册),北京:中央文献出版社,2011年,第404页。

朱德：要接班不要接官

中国共产党老一辈革命家朱德对后辈的培养常为人津津乐道。在朱德的家风中，他对子女爱党为民的教育是经常的。他常说："我不要孝子贤孙，要革命事业的接班人！你们要接班不要接官。"朱德直到临终前，还谆谆教导女儿一家"要做无产阶级"[1]。

朱德青年立志，早年加入过孙中山领导的同盟会，因骁勇善战得到赏识，一度做过云南陆军宪兵司令部司令官、云南省警务处长兼省会警察厅长等职，后在十月革命和五四运动的影响下，逐渐接受马克思主义。1922年夏，朱德离开妻子陈玉珍的家乡四川南溪，赴上海寻找革命道路。

在枪林弹雨中，朱德南征北战，无暇顾及妻儿老小，1927年八一南昌起义前夕，他派人把随军的妻子陈玉珍和儿子朱琦送回了四川。转眼十年过去，含辛茹苦的陈玉珍既要抚养孩子，又要照顾朱德的生母和养母。"十年生死两茫茫"，亲人们的境况令朱德十分牵挂。1937年9月，在奔赴抗日前线的途中，朱德给远在四川南溪的陈玉珍寄出了分别十年后的第一封书信[2]：

---

[1] 周海滨：《家国光影——开国元勋后人讲述往事与现实》，北京：人民出版社，2011年，第29页。
[2] 中共中央文献研究室第二编研部编著：《朱德自述》，北京：国际文化出版公司，2009年，第176页；另见金冲及主编：《朱德传》(修订本)，北京：中央文献出版社，2006年，第484页。

玉珍：

　　别久念甚。我以革命工作累及家属，本属常事，但不知你们究受到何等程度，望你接信后将十年情况告诉我是荷。理书、尚书、宝书等在何处？我两母亲是否在人间？你的母亲及家属如何？统望告。……如理书等可到前线来看我，也可以送他们读书。我从没有过一文钱，来时需带一些钱来我用。自别了你后，我的行动谅你是知道的，不再说，此问近好。

刘钟
九月五号

信件最后的署名"刘钟"，是朱德以养母刘氏和生母钟氏之姓所取的化名。

陈玉珍接到这封家书后，立即给朱德写了回信。朱德接到回信时，正在华北五台山抗日前线。当天，他又给陈玉珍写了第二封家书[1]：

玉珍：

　　九月十二日的信于九月二十七号在前线作战区收到，知道你十年的苦况，如同一日。家中支持当赖你奋斗。我对革命尽责，对家庭感情较薄亦是常情，望你谅之。我的母亲仍在南溪或回川北老家去了，川北的母亲现在还在否，川北家

---

[1] 中共中央文献研究室第二编研部编著：《朱德自述》，北京：国际文化出版公司，2009年，第177页；另见金冲及主编：《朱德传》（修订本），北京：中央文献出版社，2006年，第484、485页。

中情况如何？望调查告知。庄弟及理书、尚书、宝书、许杨明等现在还生存否？做什么事，在何处？统望调查告知。以好设法培养他们上革命战线，决不要误此光阴。至于那些望升官发财之人决不宜来我处，如欲爱国牺牲一切、能吃劳苦之人无妨多来。……以后不宜花无用之钱来看我，除了能作战报国的人外均不宜来。我为了保持革命军队的良规，从来也没有要过一文钱，任何闲散人来，公家及我均难招待，革命办法非此不可。家庭累事均由你处置，我从不过问。手此致复，并问亲友均好。

朱德

九月二十七号

1937年11月6日，朱德在山西昔阳县给陈玉珍写了第三封家书[1]：

玉珍：

由南溪来信数封均收到，悉一切情形，又家中朱理书来信亦悉。许杨明近到我处，见面亦谈及家中情况，十年来的家中破产、凋零、死亡、流亡、旱灾、兵灾，实不成样子，我早已看到封建社会之破产，这是当然的结果。尚书死去，云生转姓，后事已完，我再不念及，惟两老母亲均八十，尚在饿饭中，实不忍闻。望你将南溪书籍全卖及产业卖去一部

---

[1] 中共中央文献研究室第二编研部编著：《朱德自述》，北京：国际文化出版公司，2009年，第178页。

分,接济两母两千元以内,至少四百元以上的款,以终余年,望你千万办到。至于你的生活,切不要依赖我,我担负革命工作昼夜奔忙,十年来艰苦生活,无一文薪水,与士卒同甘共苦,决非虚语。现实虽编为革命军,仍是无薪水,一切工作照旧,也只有这样才能将革命做得成功。……我虽老已五十二岁,身体尚健,为国为民族求生存,决心抛弃一切,一心杀敌。万望你们勿以护国军时代看我,亦不应以大革命时代看我。望你独立自主,决不宜来前方,亦不应依赖我,专此布复,并望独立。

朱德

十一月六号

山西昔阳县

朱德为中国人民的解放事业戎马一生,从这几封家书的字里行间,我们可以看到,为了人民的利益,朱德将金钱和生死置之度外,把革命事业摆在首位:"我对革命尽责,对家庭感情较薄亦是常情。""我为了保持革命军队的良规,从来也没有要过一文钱,任何闲散人来,公家及我均难招待。""我担负革命工作昼夜奔忙,十年来艰苦生活,无一文薪水,与士卒同甘共苦,决非虚语。现实虽编为革命军,仍是无薪水,一切工作照旧,也只有这样才能将革命做得成功。"读着这些真挚诚恳、朴实无华的句子,怀想朱德光辉的一生,让人感动不已。朱德唯一的儿子朱琦后来奔赴战场,结果腿部中弹致残。[1]他把自己全部生命和唯一的儿

---

[1] 吴学意:《由朱德让儿子当工人想到的》,《解放军报》2015年7月14日。

子都奉献给了祖国，这是一个爱国者所能做的全部。朱德在信中是这么说的，在现实中也是这么做的。

朱德在遵循和传承祖辈家训的同时，还以无产阶级优秀分子的标准要求自己的子孙，树立了严格的家教，用以规范家人的行为。

朱德儿媳赵力平回忆说，1948年8月的一天，她和朱琦在河北省阜平县参加"土改"工作结束后，跟随中央机关"土改"工作组到西柏坡向党中央汇报工作，她利用这个机会，实现了结婚以后同朱德的第一次见面。那天晚饭前，康克清高兴地把她领到朱德的办公室。这是依照陕北农村普通窑洞建造的三孔窑洞，里面摆设很简朴，只有一张办公桌，几把椅子，一张普通床铺。[1]一进门，康克清就笑着向朱德介绍。当时，朱德穿着一身旧灰布军装，十分简朴。他站起身来，亲切地同赵力平握手。休息一晚后，第二天上午，朱德在百忙之中听了他们参加阜平县"土改"工作的汇报。

那时，中国革命战争已到胜利前夕，党的工作重心将由农村转向城市。为了适应革命形势的需要，一部分部队人员要转到地方工作。朱琦告诉朱德，这次回部队以后，他将要被调到地方工作，可能会到铁路部门。朱德听后表示，"现在全国革命形势很好，天津、北平不久就要解放。你们都是共产党员，转到地方工作，一定要听从组织上的安排"。他还说："你们对部队工作比较熟悉，到地方就不同了。到地方要到基层去工作，要从头

---

[1] 朱敏等：《朱委员长教育我们干革命》，北京：少年儿童出版社，1978年，第20页。

学起。"[1]

1959年,朱德开始担任全国人大常委会委员长。尽管他的工作比过去更加繁忙,但对朱琦夫妇仍然十分关心。1965年,朱琦在一个基层单位蹲点,写了一份材料寄给朱德。朱德很快给朱琦写了封回信,信中说:"你这次蹲点的经验是正确的,对于改变你的思想和工作方法,有很大益处。"他在信中教育朱琦夫妇说:"下去蹲点,要向群众看齐,同吃、同卧、同劳动,深入到群众中去,就会真正了解社会主义如何建设,如何完成,就会想出很多办法。"他最后勉励道:"再去蹲点,更进步才不会掉队。"[2]

朱琦去世后,有关部门把朱德的三孙子从海军青岛基地某部调到北京,以便照顾。朱德知道后,极不高兴地说:"我要的是革命接班人,不要孝子贤孙!哪里来的,还应该回哪里去!"[3]相反,当朱德得知他的二外孙被分配到工厂工作的消息后,却高兴地说:"当工人好啊,就是要当工人农民。不要想当'官',要当个好工人。"[4]

1969年,朱德外孙刘建初中毕业。为响应当时毛泽东提出的"知识青年到农村去,接受贫下中农再教育"的号召,他和同学到了黑龙江生产建设兵团。临行前,有同学问刘建:"你爷爷是

---

[1] 中共开封师院委员会宣传部编:《庆祝八一建军节五十周年文选》,内部印行,第71页。

[2] 中共中央文献研究室朱德研究组编:《朱德》,沈阳:辽宁人民出版社,2016年,第454页。

[3] 刘学民主编:《朱德的故事》,成都:天地出版社,2006年,第174页。

[4] 谭幼萍主编:《朱德思想研究资料》,北京:中央文献出版社,2013年,第439页。

三军总司令,为什么不去当兵,哪个部队能不要你?"当刘建征求朱德的意见时,朱德却鼓励他到农村插队:"中国是个农业大国,7亿人口中,6亿是农民,不了解农村,不了解农民,就不懂得革命。"[1]

在黑龙江双鸭山农场,刘建被分配去养猪。当时刘建只有16岁,挑不动猪食,经常把泔水洒在身上。"喂猪条件比较艰苦,特别是冬天很冷,早晨很早就要起来给猪喂食,还要打扫猪舍。"[2]艰苦的生活条件,使他心理上产生了动摇,他很快就给家里写信,希望调回北京。朱德并没有因外孙"受苦"而心疼,而是回信说:"遇到一点小小的挫折,就想打退堂鼓,正说明你非常需要艰苦生活的磨炼,只有这样,才能真正培养起对劳动人民的思想感情。"[3]

然而,"文化大革命"期间,朱德的孩子陆续从家里搬走,刘建说:"爷爷身边的人变得越来越少,最少的时候就他们老两口。"[4]

1969年10月,在中苏关系紧张的局势中,林彪发布"一号命令",朱德被疏散到广东从化。1970年,朱德从广东回京后就搬出了中南海。"爷爷为了能见到自己的亲属,要求搬家。1970年就搬到万寿路新六所,住在五号楼,直到他去世。"刘武动情

---

[1] 周海滨:《家国光影——开国元勋后人讲述往事与现实》,北京:人民出版社,2011年,第30页。
[2] 同上。
[3] 同上。
[4]《朱德外孙刘建、刘敏、刘武:并不遥远的朱德家风》,《党史天地》2015年第25期。

地说:"从北京师范大学到万寿路,爷爷要求我们必须走着去,或者乘公交车去,不准用公车接。老人家最经典的话就是'你们在人民之中是最安全的'。"[1]

几年后,刘建离家参军。为了让晚辈成为"合格的小兵",朱德煞费苦心,嘱咐刘建一定要尊重战友:"你没有资格摆架子,要好好地去跟农村的战友们学习。"[2]

后来刘建在部队表现优异,却还是踏踏实实当了五年兵才被提干,就是因为朱德要求让他多当几年兵,"好好体会体会"。刘建提干后,朱德还时常"敲打"他——"只有为人民服务,才是你真正的职责。绝对不能够贪图享受,争名夺利"。[3]

1948年2月,朱德在《贺董老六三大寿并步原韵》[4]的诗中写道:

> 为民服务以身先,况遇新春胜利年。
> 革命高潮连海外,民军蜂起接滇边。
> 农民得地耕耘乐,战士立功远近传。
> 且有操舟神舵手,能团大众去撑天。

共产党人是人民群众利益的代表,勤勤恳恳、老老实实地为

---

[1] 周海滨:《家国光影——开国元勋后人讲述往事与现实》,北京:人民出版社,2011年,第35页。
[2] 参见朱德元帅外孙刘建少将2016年12月23日接受中国青年网记者采访时的回答。
[3] 同上。
[4] 朱德:《朱德诗选集》,北京:人民文学出版社,1977年,第26页。

人民服务是共产党人的本色。朱德的诗,鲜明地表达了他要为人民服务的情怀。

任弼时:将来一定要为人民做事

任弼时是中国共产党第一代领导集体成员,极富人格魅力,同他接触过的人都感到他是一位可亲、可敬的人。刘少奇说:"任弼时同志是一个模范的革命职业家,模范的共产党员和中国共产党的最好的领导者之一。"[1]叶剑英评价说:"他是我们党的骆驼,中国人民的骆驼,担负着沉重的担子,走着漫长的艰苦的道路,没有休息,没有享受,没有个人的任何计较。"[2]任弼时的"骆驼精神"即由此而来。当然,任弼时这种勤勤恳恳、埋头苦干、一心只有党和人民的精神,也在他的家庭生活中得到详细体现和传承发扬。

1921年5月,青年任弼时为追求革命真理远赴莫斯科学习。行前,他在上海写了一封信[3]给父亲任思度。信的部分内容如下:

父亲大人膝下:

前几天接到四号手谕,方知大人现已到省,身体健康,慰甚。千里得家书,固属喜极,然想到大人来省跋涉的辛

---

[1] 中共中央文献研究室、中央档案馆编:《建国以来刘少奇文稿》(第二册),北京:中央文献出版社,2005年,第527页。
[2] 叶剑英:《叶剑英选集》,北京:人民出版社,1996年,第230页。
[3] 中共中央文献研究室编:《任弼时书信选集》,北京:中央文献出版社,2014年,第1页。

苦，不能说是非为衣食的奔走所致，若是，儿心不觉顿寒！捧读之余，泪随之下！连夜不安，寝即梦及我亲，悲愁交集，实不忍言。故儿每夜闲坐更觉无聊。常念大人奔走一世之劳，未稍闲心休养，而家境日趋窘迫，负担日益增加，儿虽时具分劳之心，苦于能力莫及，徒叫奈何。自后儿当努力前图，必使双亲稍得休闲度日，方足遂我一生之愿。但儿常自怨身体小弱，心思愚昧，口无化世之能，身无治事之才，前路亦茫茫多乖变，恐难成望。只以人生原出谋幸福，冒险奋勇男儿事，况现今社会存亡生死亦全赖我辈青年将来造成大福家世界，同天共乐，此亦我辈青年人的希望和责任，达此便算成功。惟祷双亲长寿康！来日当可得览大同世界，儿在外面心亦稍安。

之前，1921年5月4日，任思度从长沙来信，劝任弼时"谋事上海"，从长计议。任弼时接信后"捧读之余，泪随之下"。尽管他非常体贴父母，理解此时此刻父亲的矛盾心情，但决心已下，岂能轻易改变行动计划。他"连夜不安"，终于在启程之日饱含真情地写下这封家书。家书强烈地表达了任弼时忧国忧民的爱国意识和救亡图存的远大抱负。20世纪初的中国风起云涌，国家内忧外患，社会极端不平。天下兴亡，匹夫有责，17岁的任弼时终于找到一条既能谋求自立又能实现改造社会的理想道路。他自觉地将"造成大福家世界"作为自己的宏愿和对中国社会应尽的责任，堪称时代的典范。这同当时毛泽东吟出的"指点江山，激扬文字，粪土当年万户侯"，周恩来发出的"为中华之崛起而读书"，同属五四时期先进青年救国救民的呼声。[1]

1924年7月下旬,任弼时结束了在莫斯科东方劳动者共产主义大学的学习生活,准备回国。临行前夕,他拜谒了列宁墓。在红场上,堂兄任作民问他:"你已经决定把一生献给革命事业了吗?"20岁的任弼时简短而坚毅地回答:"决定了!"[2]自此,这个爱党为民、勤勉为公的"骆驼"为革命事业工作了近三十年。

任弼时有"三怕":一怕工作少,二怕花钱多,三怕麻烦别人。[3]几十年里,他每天工作总是不辞劳苦、兢兢业业、无怨无悔地投入到党和人民的各项事业之中。任弼时长期卓越的工作是同自身疾病做斗争相伴随的。两次狱中受刑对他的身心造成极大的伤害,加之日夜劳累,因而时常患病,被确诊的就包括高血压病、糖尿病、血管硬化。但他总是以常人难以想象的意志克服疾病带来的痛苦,拼命地工作。延安时期,任弼时的各种慢性病开始发作,他时常感到头晕、头痛。其间,他相继担任中共中央秘书长兼中央办公厅主任、中央书记处书记等要职。从吃住等日常事务到中央大政方针的确立和落实,任弼时以多病之躯,尽心尽力、精益求精地做好这些繁杂的工作,党内同志因此亲切地称他为"党内的老妈妈"。[4]1949年4月,他代表中共中央向中国新民主主义青年团第一次全国代表大会做政治报告时,突然头晕

---

[1] 夏远生等:《任弼时与湖南》,长沙:湖南科学技术出版社,2004年,第86页。

[2] 中共中央文献研究室编:《任弼时传》(上),北京:中央文献出版社,2014年,第57页。

[3] 中共中央文献研究室编:《任弼时传》(修订本),北京:中央文献出版社,2000年,第877页。

[4] 宋文官:《骆驼精神光耀千秋——纪念任弼时诞辰100周年》,《党史纵横》2004年第5期。

目眩,病情急剧恶化。中央决定送他去苏联治疗。病情略有稳定后,他立即回国投入到工作中。按医生要求,他每天可试着工作二至四个小时,他却主动要求工作四个小时,实际上常常还超过四个小时。[1]由于疲劳过度,病情恶化,医治无效,1950年10月27日,他为党战斗到了最后一息,时年46岁。

任弼时为中国革命做出了巨大贡献,成为一代革命领袖。他去世后,吴玉章撰挽联:"帝国主义尚未灭亡雄心犹有遗恨;和平阵营已趋巩固众志必可成城。"[2]毛泽东亲笔题词:"任弼时同志的革命精神永垂不朽。"[3]

任弼时的"骆驼精神",在他的后代中得以延续,这从他为孩子"取名"过程中得到体现。任弼时和陈琮英育有任远志、任远征、任远芳、任远远四个孩子,其中,任远志、任远征的名字由来很值得一提。1931年,中央派任弼时到中央苏区工作。由于夫人陈琮英临产,无法随行,任弼时只得只身前往,留下陈琮英在上海待产。行前,任弼时安慰陈琮英说:"别害怕,要坚强,孩子生下后,不论是男是女,我们都叫他(她)'远志'吧!希望他有远大的志向。"[4]任弼时离开上海七天后,陈琮英就生下女儿任远志。4月下旬,由于协助分管党的保卫工作、握有大量中央核心机密的顾顺章叛变,情况危急,党中央马上安排中共中

---

[1] 宋文官:《骆驼精神光耀千秋——纪念任弼时诞辰100周年》,《党史纵横》2004年第5期。

[2] 正坤编:《楹联》,北京:中国文史出版社,2003年,第85页。

[3] 中共中央文献研究室编:《任弼时年谱》,北京:中央文献出版社,2014年,第601页。

[4] 任远志:《我的父亲任弼时》,沈阳:辽宁人民出版社,2007年,第247页。

央机关秘密转移。陈琮英怀抱女儿被安排在一家新开的小旅馆住下。但没过多久,又有一个叛徒出卖了革命,敌人抓走了陈琮英和她不满百日的女儿。陈琮英毫不畏惧,她知道党组织一定在紧张地设法营救。最终,由"互济会"出面,陈琮英和女儿安全出狱。这时,党中央安排她去苏区。为了一路方便,陈琮英毅然将女儿送回老家,只身前往。在江西瑞金,陈琮英于1932年由邓颖超介绍加入了中国共产党。

1936年长征过程中,任弼时任红二方面军政治委员,随同朱德一起北上过草地。就在此时,陈琮英临产了。一天,部队刚刚蹚过一条齐腰深的河,二女儿便来到了人间,任弼时夫妇欣喜至极。五年前送回老家的大女儿任远志少有音讯,留在湘赣的儿子生死未卜,唯有这个女儿在眼前。回首征战过往,遥想未来,他们夫妇给女儿起了一个极富意义的名字——"远征"。[1]

当任远征以优异成绩考上北京师范大学附属女子中学时,任弼时专门写信鼓励她努力学习,"把自己培养成为社会上最有用的人才"[2]。儿子任远远7岁时,任弼时特地题词叮嘱:小孩要用功读书,现在不学,将来没用。1948年10月6日,在致任远志的信中,任弼时说:"你们这辈学成后,主要是用在建设事业上,即是经济和文化的建设事业,须要大批干部去进行。"[3]1949年3月30日,他又致信任远志说:"我希望能够把你培养成为新社会

---

[1] 刘武生主编:《任弼时与中共党史重大事件》,北京:中央文献出版社,2001年,第136页。

[2] 中共中央文献研究室编:《任弼时书信选集》,北京:中央文献出版社,2014年,第159页。

[3] 同上书,第69页。

上有用的人，但这又主要在于你自己的努力。"[1]1950年1月20日，他在给小女儿任远芳的信中说："我想你最好留在苏联继续学习，完成大学教育，然后带着专业知识回国，这就是你在这里的时候我向你说的。"[2]2月25日，他又致信任远志说："我希望你和你们姊妹兄弟，都能培养成为于中国建设有用的人材。更加爱惜身体！更加努力学习吧！"[3]他勉励孩子们："吃了人民的小米，不能辜负人民对你们的希望，将来一定要为人民做事。"[4]

和普通职工家庭的孩子一样，任远志、任远征、任远芳、任远远姐弟四人上学时住校，只有假期才能回家。不论是住校还是在家，任弼时总是百忙之中抽出时间，耐心教导他们。他常对孩子说："现在我们打天下，将来靠你们建设天下。"[5]

任弼时的谆谆教导，给姐弟四人留下了深刻印象。"父亲让我们懂得，要建设新中国，首先需要科学技术。"任远征感慨地说："在父亲影响下，我们姐弟四人大学都选择了技术专业；孙辈们都各有所长，知书达理，成为对社会有用之人。"[6]他们回忆任弼时的教导时说："爸爸为别人想得多，为革命想得多，为自己想得少，总怕麻烦人。进城以后，组织上为了照顾爸爸的工作和休息，要给我们搬家。爸爸了解到为了我们家搬迁，要把一

---

[1] 中共中央文献研究室编：《任弼时书信选集》，北京：中央文献出版社，2014年，第100页。

[2] 同上书，第140页。

[3] 同上书，第152页。

[4] 李韧、王聚英、任远志：《任弼时与陈琮英》，北京：党建读物出版社，2004年，第199页。

[5] 新民晚报社编：《我的父辈》，上海：上海人民出版社，2009年，第112页。

[6] 参见任远征2015年7月17日接受采访时的谈话。

个机关迁走。……为了避免给那个机关带来麻烦,坚持不让搬家。""组织上准备把我们住的房子修缮粉刷一下,他说能将就着住,就不必整修,免得给组织上和同志们增加麻烦。就这样,我们在景山东街一直住到爸爸逝世。"[1]

正如任弼时之孙任继宁在接受采访时说的那样:爷爷最让我敬佩的,是他对党的事业的无限忠诚和对人民的无限挚爱,以及他从小立志报效国家、立志振兴我们民族和国家的远大志向;他对革命工作尽心尽责,每一件事都要求自己"能走一百步,就不走九十九步",这是他忘我无私的高尚境界。我们应不断以老一辈革命家的事迹作为前进的榜样和动力。

陈云:"要为大家'当差'"

在陈云的家风中,对子女和身边人爱党为民的要求无处不在。陈云有一句名言:"不解决实际问题谈为人民服务,则是空话一句。"[2]他明确指出,共产党及其领导的人民政府,"是真正代表大家,为大家'当差'的,是遵循工人、农民和其他人民群众的意见办事的"[3]。不管是在外领导经济工作还是在家处理日常事务,切实为人民谋利益都是他遵循的一贯原则。

陈云虽出身贫寒,幼年父母早逝,由舅父母抚养长大,但从

---

[1] 中共中央文献研究室编:《回忆任弼时》,北京:中央文献出版社,2014年,第495页。

[2] 中共中央文献研究室编:《建国以来重要文献选编》(第二册),北京:中央文献出版社,2011年,第174页。

[3] 陈云:《陈云文选》(第一卷),北京:人民出版社,1995年,第380页。

小就很有志气。14 岁那年,他经人介绍到上海的商务印书馆当了一名学徒,由于勤快能干,提前一年升为店员。1925 年 5 月,"五卅"运动爆发,刚满 20 岁的陈云被推举为罢工委员会的领袖。斗争中,他表现得英勇机智,很快加入了中国共产党。[1]对于自己入党的动机,他后来回忆说是受大革命的影响和通过看马克思主义书籍,"了解了必须要改造社会,才能解放全人类"。他说:"做店员的人,有家庭负担的人,常常在每个重要关头,个人利益与党的利益有冲突时,要不止一次地在脑筋中思想上发生矛盾,必须赖于革命理论与思想去克服个人利益的思想。"[2]后来的革命征途证明,他的确是抱着这种崇高的使命和理想而入党的。在 70 年的人生历程里,他一直保持坚定的革命信念、旺盛的斗争精神,并能始终严格管好家人、亲属和身边的工作人员,要他们为人民着想,处理好个人利益与集体利益的关系。正因为此,他的家庭才形成了既有老一辈革命家家风共性,又有自身特点的良好家风。

陈云对家人要求严格。上海刚解放时,他给家乡一位老战友的孩子们回信,要求他们安分守己:"千万不可以革命功臣的子弟自居,切不要在家乡人面前有什么架子或者有越轨违法行动,这是决不允许的。你们必须记得共产党人在国家法律面前是与老百姓平等的,而且是守法的模范。革命党人的行动仅仅是为人民服务,决不想有任何酬报,谁要想有酬报,谁就没有当共产党员

---

[1] 中央文献研究室第三编研部、陈云纪念馆编:《陈云家风》,杭州:浙江人民美术出版社,2015 年,"前言",第 2 页。
[2] 金冲及、陈群主编:《陈云传》(上),北京:中央文献出版社,2005 年,第 36 页。

的资格。"[1]陈云认为,战争结束了,生活好了,应该取消领导干部供给制,改为工资制,发放一定的工资,一切生活自理,不要再用公家的东西了。这一点,就是强调不要脱离群众,要处处想到群众。他深知党之所以能一步步成长起来,成为人民的领导者和精神支柱,是来源于群众的支持和信任,只要有群众的支持和推动,就没有做不到的事情。所以,他最怕的就是脱离群众,最怕的就是群众不信任党。

据陈云之子陈方回忆,新中国成立初期,陈云的工资很有限,但除了供孩子接受教育和全家的生活外,他还要寄给很多人,如商务印书馆的老朋友、老同事,在青浦乡下的姑姑和舅母,还有一些关系很远的亲戚,一些生活有困难的老邻居和孤寡老人。陈云每个月都按时给他们寄钱,持续了很多年。因为陈云每月的工资要寄给那么多的人,家里的生活就很拮据。之前,陈方的大哥大姐都在育英小学上学,那是为干部子弟办的寄宿学校,学费较贵。后来,陈云跟他们商量,表示家里钱明显不够,已负担不起上育英小学的费用。所以,家中三个较小的孩子只能在附近的北长街小学上学,那是一所普通的学校,学费较低。[2]

20世纪60年代初,陈云特别喜欢周末去公园走走,跟那些花匠和游人聊聊,后来忽然就不去了。家人感到奇怪,就问他原因。他说:"现在老百姓吃不上饭,我对不起老百姓。"[3]这一时

---

[1] 中共中央文献编辑委员会编:《陈云文选(1956—1985)》,北京:人民出版社,1986年,第346页。
[2] 《陈云与党风廉政建设》摄制组编著:《生死存亡的关键:重大历史事件亲历者讲述陈云》,北京:新世界出版社,2005年,第172页。
[3] 孙东升、蒋永清:《陈云手迹故事》,重庆:重庆出版社,2016年,第104页。

期,他经常说两句话:"民以食为天,食以粮为主。""老百姓开门七件事,柴米油盐酱醋茶。"这是说在旧社会,旧政府对广大的贫苦群众不关心,导致穷苦人民食不果腹、衣不蔽体。现在共产党当政,刚刚解放,经济不怎么发达。共产党是全心全意为人民服务的,因此首先要解决老百姓的吃穿问题,最主要的是解决吃的问题。

陈云儿子陈元说:1962年,陈云向毛泽东反映情况,提到分田到户的建议时表示,只要群众受益,国家最后会强大,党最后会强大,一时一事的政策是可以调整的,就是政策要围绕着全国人民的利益来调整,这样才能取得民心,社会主义才能立于不败之地,他是坚信这个能成功的。后来,在党的十二届二中全会上,陈云高呼"社会主义万岁、共产主义万岁",这是他毕生的追求。[1]陈元还说:"父亲是在农村长大的,只上过小学,后来进城到商务印书馆当学徒,一步步走上革命道路。他跟群众的联系很多,对群众的认识和理解程度很深,群众对他的影响也是终生的。把他推到革命队伍里的就是广大人民群众的利益。"[2]

陈云始终把党和国家的事业放在最重要的位置,时刻想着自己肩上担负的责任。他对自己要求严格,从来不轻易使用手中的权力,从来没把这份权力用在为自己或家人谋福利上。他常对家人说,权力是人民给的,必须要用于人民,要为人民谋福利。[3]

对社会上出现的腐败问题,陈云深恶痛绝,觉得这是对党最

---

[1]《陈云家风》编辑组编:《陈云家风:于若木及陈云子女访谈录》,北京:新华出版社,2005年,第111页。

[2] 同上书,第88页。

[3] 同上书,第83页。

大的威胁。陈元回忆，陈云曾说共产党员腐败将会失去群众的支持和信任，那是不可思议的、不可想象的事情，那就等于说共产党变成毫无意义的官僚集团了，他们一辈子白干了，革命不能走到这一步！所以，他将党风问题提到事关党的生死存亡的高度，提到不能再高的高度，这跟他一生的做人品格和信念以及他对全局的了解，都是连成一个整体的。[1]女儿陈伟华也回忆，在陈云看来，苏联解体是因为苏联没搞好，并不是搞社会主义不对。当然，中国要想发展起来，还得靠中国人自己不懈的努力。他这个信念，是建立在多年的革命实践上。他觉得社会主义能代表群众利益，能为群众改善生活，发展经济，能够得到群众拥护，这件事他坚信不疑。[2]

对一些事关群众利益的事，哪怕是一些看起来微不足道的小事，陈云都记忆深刻。他晚年病重时，国务院一位领导来看望他，跟他讲到国家的一些重要经济指标。陈云躺在床上说，有一个数字说错了，应该是多少多少。后来那位领导回去校对查阅后，第二天特别兴奋地跟陈云儿子陈元说：老人家比我记得都清楚，那些都是经济上的一些数字，是财政税收。

陈云在70余年的革命生涯中，一以贯之地坚持人民立场，并将其贯彻到他所从事的各项工作和日常的家庭教育中。他提出的"党和政府要为人民群众'当差'"[3]的思想，不但在党的发展

---

[1]《陈云家风》编辑组编：《陈云家风：于若木及陈云子女访谈录》，北京：新华出版社，2005年，第97、98页。

[2]《陈云与党风廉政建设》摄制组编著：《生死存亡的关键：重大历史事件亲历者讲述陈云》，北京：新世界出版社，2005年，第160页。

[3]参见江泰然：《党和政府要为人民群众"当差"》，《江西日报》2011年12月26日。

史上起过重要作用,而且对于党的路线、方针和政策的制定,对于时时保持党同人民群众的血肉联系,对于着力促进社会发展和改善民生,对于深入开展党风廉政建设都具有重大意义。

国家是由数亿个"小家庭"共同组成的一个"大家庭",国家利益代表着各家庭的根本利益。"小家庭"只有得到"大家庭"的有力支持和保护,才能获得切实的、长远的利益。我国正在进行"夺取新时代中国特色社会主义伟大胜利"的伟大事业,在中国共产党领导下,中华民族正在实现由站起来到富起来再到强起来的伟大飞跃。要进行这一伟大事业,需要各方面的人才,需要全国人民团结一致,努力奋斗。2016年12月12日,习近平总书记在会见第一届全国文明家庭代表时说:"广大家庭都要把爱家和爱国统一起来,把实现家庭梦融入民族梦之中,心往一处想,劲往一处使,用我们4亿多家庭、13亿多人民的智慧和热情汇聚起实现'两个一百年'奋斗目标、实现中华民族伟大复兴中国梦的磅礴力量。"[1]在党的十九大报告中,他又指出:"广泛开展理想信念教育,深化中国特色社会主义和中国梦宣传教育,弘扬民族精神和时代精神,加强爱国主义、集体主义、社会主义教育,引导人们树立正确的历史观、民族观、国家观、文化观。"[2]由此可见,各家庭应有爱国的美德。若各家都能将国事当家事,乐于为国奉献,那么我们就一定能将国家建设好。

---

[1] 习近平:《在会见第一届全国文明家庭代表时的讲话》,北京:人民出版社,2016年,第3—4页。

[2] 习近平:《决胜全面建成小康社会 夺取新时代中国特色社会主义伟大胜利——在中国共产党第十九次全国代表大会上的报告》,北京:人民出版社,2017年,第42—43页。

二 孝敬父母才肯为别人服务

孝敬父母是中华民族的传统美德,并在中华大地上代代相传。中国共产党人继承了这种优良传统,以毛泽东为代表的中国共产党老一辈革命家在为人民幸福、民族复兴不懈探索的同时,也在日常生活中营造出充满和谐情意的美好家庭。孝敬、体贴和关爱,构成了其家庭的几大要素,也增添了其家庭的几多人文审美。老一辈革命家的家庭细节所展现出来的家风,可以让人们更加了解这些家庭是什么样的,家庭成员各自都在干什么工作,平常是怎么生活的,又是怎么持家的。对于人们了解国事以外的老一辈革命家,这无疑提供了一种更为深刻的解读,不但有治家的借鉴意义,也有治国的积极意义。

毛泽东:前人辛苦,后人幸福

在中国共产党老一辈革命家中,毛泽东是孝敬父母、尊亲重孝的模范。

在日常的工作生活中,毛泽东再三强调亲友要敬老尊贤,侍奉双亲。他曾引用曹操《步出夏门行》中"盈缩之期,不但在天;养怡之福,可得永年"的叙述,来强调要重视对老年人的颐养。1985年2月10日,他在致刘少奇的信中认为,不可以贺知章《回乡偶书》一诗作为古代官吏禁带眷属的充分证明，同时指出："一个九十多岁像齐白石这样高年的人，没有亲属共处，是不可想象的。"[1]

毛泽东不但是这么认为的，也是这么去践行的，如他对岳母杨老太太的关爱即是明证。1949年8月，长沙和平解放后，杨开慧的胞兄杨开智将母亲杨老太太的情况电告毛泽东。毛泽东欣慰不已，当即回电致意。8月10日，他写信给杨开智："来函已悉。老夫人健在，甚慰，敬致祝贺。岸英、岸青均在北平。岸青尚在学习。岸英或可回湘工作，他很想看外祖母。……我身体甚好，告老夫人勿念。"[2] 9月，王稼祥的夫人朱仲丽回湘省亲，毛泽东即托朱仲丽给杨老太太捎去一件皮袄，同时附信说："杨老太太：你们好吧。现在托朱小姐之便，前来看望你们。一件皮大衣是我送给您的，两件皮料是送给开智夫妇的。"[3] 1950年，杨老夫人八十大寿，毛泽东嘱咐儿子毛岸英前去湖南拜寿，并在祝贺信中写道："欣逢老太太八十大寿，因令小儿岸英回湘致敬，并奉人参、鹿茸、衣料等微物以表祝贺之忱，尚祈笑纳为幸。"[4] 毛岸英的到来使杨老太太十分高兴。她对外孙说：别看你爸爸是个大人物，他也有赤子之心。毛岸英向外婆问长问短，转达毛泽东对老人家的问候和敬意，使老太太获得很大的安慰。1951年，毛泽东又派毛

---

[1] 中共中央文献研究室编：《建国以来毛泽东文稿》（第七册），北京：中央文献出版社，1992年，第77页。

[2] 中共中央文献研究室编：《毛泽东书信选集》，北京：中央文献出版社，2003年，第304页。

[3] 朱仲丽：《灿灿红叶》，长沙：湖南人民出版社，1985年，第153页。

[4] 逄先知、冯蕙主编：《毛泽东年谱（1949—1976）》（第一卷），北京：中央文献出版社，2013年，第117页。

岸青到湖南探望外祖母，以慰天年。自全国工资制度由供给制改薪金制后，毛泽东每月都给杨老太太寄生活费，一直赡养她直到去世。[1] 1960年，杨老太太九十大寿，毛泽东亲笔写信给杨开慧的堂妹杨开英，并交钱给她，嘱其代购礼物贺寿。信中说："杨老太太（岸英的外婆）今年九十寿辰，无以为敬，寄上二百元，烦为转致。或买礼物送去，或直将二百元寄去，由你决定。劳神为谢！"[2] 1962年，毛泽东惊闻老岳母逝世的噩耗，在发给杨开智的唁电中写道："得电惊悉杨老夫人逝世，十分哀痛。望你及你的夫人节哀。寄上五百元，以为悼仪。葬仪，可以与杨开慧同志我的亲爱的夫人同穴。我们两家同是一家，是一家，不分彼此。"[3] 字里行间，都体现出毛泽东对杨老太太的牵挂和关怀，以及对夫人杨开慧的思念。

毛泽东对岳母温土秀（贺子珍的母亲）亦是如此。温土秀在丈夫病逝后，孑然一身，很是凄苦。因此，组织上决定把她从赣州接来延安。抵达时，贺子珍已去苏联。来延安后，毛泽东亲自照顾她的生活。她病逝后，毛泽东又亲自为她安葬，还为她立了一块碑。胡宗南占领延安时，把她的坟挖了。延安收复后，毛泽东拿出十块银圆，请老乡重新安葬好，这使贺子珍等深为

---

[1] 向端四、向良羽、向又新：《毛泽东对岳母杨老夫人的关爱亲情》，《党史纵览》2012年第2期。

[2] 逄先知、冯蕙主编：《毛泽东年谱（1949—1976）》（第四卷），北京：中央文献出版社，2013年，第380页。

[3] 中共中央文献研究室编：《建国以来毛泽东文稿》（第十册），北京：中央文献出版社，1996年，第217页。

感动。[1]

　　当然,毛泽东最感激、最不能忘怀的还是他的母亲。毛泽东的母亲姓文,湘乡县人,18岁时嫁给毛泽东的父亲毛顺生。生了毛泽东、毛泽民、毛泽覃兄弟三人,还收养了一个女儿毛泽建。她是一位勤劳、善良、品德高尚的女性。1919年,毛母患腮腺炎,当时毛泽东在长沙读书,得知消息,急忙赶回家把母亲接到省城治疗,住在长沙河西刘家台子蔡和森家里。可是由于其他病症并发,毛母还是于1919年10月5日因病离开了人世,终年53岁。

　　母亲去世时,毛泽东正在领导湖南人民开展轰轰烈烈的"驱张运动"。他既要负责组织各个"驱张"代表团到各地宣传的具体事宜,又要准备"驱张"的宣传资料,真是忙得不亦乐乎。正在这时,他韶山家里派人到长沙,送来一封紧急家书。[2]他的小弟毛泽覃看了家里的来信后,立即大哭起来。毛泽覃顾不上招呼送信的人,拿着信就朝湖南省学生联合会狂奔而去。

　　毛泽东急急打开家信,看了几行后,眼里立即涌出了泪水。他安排了一下有关事情后,就带着毛泽覃往韶山狂奔。然而,由于路途遥远、交通不便,当毛泽东赶回韶山时,母亲已经过世两天,而且遗体已经入棺。

　　母亲的去世使毛泽东万分悲痛,他站在灵堂前的一张小桌子面前,一边回忆母亲的音容笑貌,一边把母亲一生的经历用文字

---

[1]据贺子珍的同族侄子贺传圣记述,贺子珍知道父母去世的消息及毛泽东善待其母的情况后,"涕泪横流""忍不住嚎啕大哭"。参见贺传圣:《贺子珍》,北京:中央文献出版社,2005年,第326页。

[2]唐春元、伍英编著:《毛泽东谈生死》,北京:中共党史出版社,2014年,第162页。

表达出来。母亲对他人生和思想的影响，不断在脑海中浮现。第二天早晨，来祭奠的人们看到了毛泽东那感人至深的《祭母文》和两副挽联。这两副挽联是："疾革尚呼儿，无限关怀，万端遗恨皆须补；长生新学佛，不能住世，一掬慈容何处寻。""春风南岸留晖远，秋雨韶山洒泪多。"[1] 它们深深地记述了毛泽东的母亲平生对他的养育之恩，也由衷地表达了他对母亲的孝敬之情。《祭母文》[2]称：

> 呜呼吾母，遽然而死。寿五十三，生有七子。
> 七子余三，即东民覃。其他不育，二女三男。
> 育吾兄弟，艰辛备历。摧折作磨，因此遘疾。
> 中间万万，皆伤心史。不忍卒书，待徐温吐。
> 今则欲言，只有两端。一则盛德，一则恨偏。
> 吾母高风，首推博爱。远近亲疏，一皆覆载。
> 恺恻慈祥，感动庶汇。爱力所及，原本真诚。
> 不作诳言，不存欺心。整饬成性，一丝不诡。
> 手泽所经，皆有条理。头脑精密，擘理分情。
> 事无遗算，物无遁形。洁净之风，传遍戚里。
> 不染一尘，身心表里。五德荦荦，乃其大端。
> 合其人格，如在上焉。恨偏所在，三纲之末。
> 有志未伸，有求不获。精神痛苦，以此为卓。

---

[1] 中共中央文献研究室、中共湖南省委《毛泽东早期文稿》编辑组编：《毛泽东早期文稿》，长沙：湖南人民出版社，2008年，第375页。

[2] 同上书，第374页。

天乎人欤，倾地一角。次则儿辈，育之成行。
如果未熟，介在青黄。病时揽手，酸心结肠。
但呼儿辈，各务为良。又次所怀，好亲至爱。
或属素恩，或多劳瘁。大小亲疏，均待报赉。
总兹所述，盛德所辉。必秉悃忱，则效不违。
致于所恨，必补遗缺。念兹在兹，此心不越。
养育深恩，春晖朝霭。报之何时，精禽大海。
呜呼吾母，母终未死。躯壳虽隳，灵则万古。
有生一日，皆报恩时。有生一日，皆伴亲时。
今也言长，时则苦短。惟挈大端，置其粗浅。
此时家奠，尽此一觞。后有言陈，与日俱长。

毛泽东的这篇《祭母文》，既记述了母亲的养育恩情和盛德高风，字里行间凝结着母慈子孝的真诚情义，又深深地追忆了母亲平生对他的养育之恩，由衷地表达了他对母亲的孝敬之情，更表现出毛泽东面对自己至亲至爱的人死亡时的那种悲痛的心情。[1]

新中国成立后，毛泽东当选为国家主席，身为党和国家最高领导人，他仍然很惦念父母。1959年6月25日，毛泽东在罗瑞卿（时任国务院副总理）等人的陪同下，回到了阔别32年的故乡。26日清晨5时，毛泽东很早就起床，出门后径直走向屋后的山坡。由于罗瑞卿等人不明事由，只好也跟了上去。小山上的

---

[1] 唐春元、伍英编著：《毛泽东谈生死》，北京：中共党史出版社，2014年，第166页。

茅草很长，大家走到近前，才发现这里有座小坟，也就是毛泽东父母的合葬坟。工作人员由于事先并不知道毛泽东要来祭拜，因此也没有准备花圈，连纸花亦来不及准备。幸亏有位青年头脑灵活，在附近折了一些松枝，用野草扎成一束交给了毛泽东。毛泽东接过松枝，慢慢地放在坟前，在肃穆庄严的气氛中恭恭敬敬地鞠躬，静默良久，深情地说：前人辛苦，后人幸福。当地干部问他，要不要把坟修一下，毛泽东说："不要了，添一下土就行了。"[1]返回的途中，毛泽东看望亲友，看旧居，还到韶山学校与师生们合影。回来后，他对罗瑞卿说："我们共产党人是彻底的唯物主义者，不迷信什么鬼神。但生我者父母，教我者党、同志、老师、朋友，还得承认。我下次来，还要去看看他们两位。"[2]

在中华民族几千年的文明史上，孝敬父母本就是中国传统文化的重要内容，父母对子女成长的影响之大，有史可鉴，口碑载道；而子女对父母的孝敬与爱戴，也是铭心刻骨，绵绵如缕。芸芸众生是这样，杰出英才亦是如此。毛泽东的爱母敬母之情，实是感人肺腑，催人泪下。

刘少奇：中南海的"幸福之家"

谈到党的第一代领导人的亲情世界，刘少奇的家庭让人羡慕。女儿刘潇曾说："父母亲感情特别好，我们家是当时中南海

---

[1] 中共中央文献研究室编：《毛泽东年谱》（第四卷），北京：中央文献出版社，2013年，第79页。
[2] 同上书，第79页。

有名的幸福之家。"[1]

  刘少奇与夫人王光美相敬相爱，感情真挚。自结婚以后，王光美便身兼刘少奇的政治和生活秘书，成为刘少奇的得力助手，给予刘少奇无微不至的关心。每天完成自己的工作后，王光美就想着怎么帮刘少奇减轻工作负担，这样能让他节约好多时间。他的办公桌她从来不动，不该看的东西绝不看，不该问的事情也绝不问。[2]刘少奇因生活没有规律，年轻时就落下了胃病。结婚以后，王光美尽全力让他在饮食方面保持均衡和规律。刘少奇每天工作到很晚，这时炊事员也都已经休息，王光美为照顾他的身体，就把白天吃剩下的饭菜，放在一起煮热了给他当夜宵。这样，他的胃才慢慢地好起来。刘少奇经常半夜开会，王光美总是等着他回来，有时连续工作时间长了，就陪他到院子里散散步、说说话。[3]

  刘少奇也很关心、挂念王光美。一天，刘少奇看到王光美怀孕，身体有反应，吃不下饭，忽然说："今天我给你做个湖南菜。"王光美反问："你还会做菜？"刘少奇说："年轻时什么都干过。"[4]就这样，刘少奇给王光美做了个蒸鸡蛋。尽管那道菜的做法有些"特别"，但王光美却觉得鸡蛋特别香嫩，因为里面饱含刘少奇对妻子的一片关爱和柔情。

  时值王光美生小孩当天，刘少奇却要主持一个非常重要的会

---

[1] 参见刘少奇诞辰109周年之时刘少奇小女儿刘潇接受专访时的谈话。
[2] 姚贤玲：《王光美：惊涛骇浪从容过 风雨无悔度一生》，《炎黄春秋》2018年第7期。
[3] 姜艳辉：《刘少奇和王光美的爱情生活》，《湘潮》2008年第11期。
[4] 黄峥执笔：《王光美访谈录》，北京：中央文献出版社，2006年，第59页。

议。会后，刘少奇急忙赶到产房，看到躺在床上疲倦的妻子，他弯下腰来轻轻地吻了她一下，表示慰问和歉疚。[1]王光美在和刘少奇结婚后，几乎把自己的全部精力献给了刘少奇的工作和这个家庭，而刘少奇在忙碌之余也会抽空陪伴妻儿，给他们教育和关爱。正因如此，在中南海里，刘少奇一家才成了有名的幸福家庭。

这样的"幸福家庭"形象，深深地印在了女儿刘潇的回忆中。刘少奇一生共养育了九个子女，刘潇是家中最小的孩子，与刘少奇、王光美夫妇在中南海共同生活了六年。据刘潇说，父亲的起居生活如一日三餐等事宜均由母亲悉心安排。父母结婚21年，虽历经坎坷，但始终相濡以沫，他们的感情交流甚至默契到刘少奇咳嗽一声王光美就能明白他要什么，或者光从刘少奇将茶杯盖放至茶杯上的声音轻重，王光美就知道刘少奇要什么。[2]

刘潇回忆说："母亲时常提起父亲，说起父亲对她的好。那时候，我们买衣服孝敬母亲，母亲有时会说不满意，'还是当年你们父亲到苏联访问时给我买的睡衣最好'。几十年过后，母亲还是认为父亲送的睡衣是她得到的最好礼物。"[3]一次在北戴河，王光美生病了，当时她手脚冰凉，不想惊动医务人员的刘少奇当天夜里就在王光美床边一直握着她的手。

刘潇还透露说："那时候在家里，父亲会亲昵地叫我小小，因为我是家里最小的孩子。后来上中学取名刘潇，与'小'字谐

---

[1] 姜艳辉：《刘少奇和王光美的爱情生活》，《湘潮》2008年第11期。
[2] 参见刘潇2007年11月24日接受《长沙晚报》记者采访时的谈话。
[3] 同上。

音。""那时我们家吃饭,最小的我坐在父亲旁边,当时吃饭很简单,但父亲每顿都有一个水果,而他总会分一半给我。"[1]

"父亲爱吃家乡的辣菜,爱吃豆豉,喜欢吃炒苦瓜。可我那时候不喜欢吃辣菜。"刘潇至今还清晰地记得刘少奇跟她开的玩笑:"不吃辣的,不吃苦瓜不许回老家。"[2]

当然,在生活中,刘少奇和王光美像所有的夫妻一样,有时候也会闹点小别扭。据王光美回忆,刚刚和刘少奇结婚时,某个礼拜六放电影,警卫员拉着刘少奇去看电影了,但刘少奇就没想到找王光美一块去,王光美也不知道他上哪儿去了。因这样的事情生气,也是有的。进入中南海后,也有类似的事。有时刘少奇在中央开完会后,直接去怀仁堂看戏去了,然后才通知王光美自己去怀仁堂。王光美也有些生气,不理解刘少奇为什么下班后不回家一趟,把她也接过去看戏。[3]但是这些,在两人幸福的生活中总是显得那么微不足道。

在这个幸福之家中,王光美起到了非常重要的作用。她不但把整个大家庭料理得井井有条,而且还视刘少奇前妻所生的孩子如同己出,给予他们慈爱和温暖。

1944年10月,刘少奇女儿刘涛在延安枣园的窑洞里诞生。她两岁时,生母王前和刘少奇离婚了。刘少奇既当爹又当妈,独自带着刘涛和不足一岁的弟弟刘丁。据刘涛回忆:"我小时候并

---

[1] 参见刘潇2007年11月24日接受《长沙晚报》记者采访时的谈话。
[2] 同上。
[3]《王光美:最具传奇色彩的中国女性》,《新民周刊》2001年第39、40期。

没有保育员，是父亲的警卫员捎带管。"[1] 1948年8月21日，27岁的王光美和50岁的刘少奇在西柏坡举行了简朴而又热闹的婚礼。晚饭后，毛泽东、周恩来、朱德、叶剑英等高兴地来到刘少奇住处，向刘少奇和王光美祝贺。当他们和刘少奇谈话时，王光美和外事组的几个女同志到另外一间屋子，找来刀子、盘子，想切蛋糕，可圆形的蛋糕已被四岁的刘涛挖走一块。在大家的欢声笑语和嬉闹中，王光美给毛泽东、周恩来、朱德等每人切了一块蛋糕。外事组的年轻人还办了一个联欢晚会。[2]

晚会结束后，刚做新娘的王光美看到了四岁的刘涛和两岁的刘丁。刘少奇让姐弟俩叫王光美"妈妈"。姐弟俩也许是长期缺少母爱的缘故，一句句稚嫩的"妈妈"，使刚结婚的王光美忍不住潸然泪下，她紧紧地抱住了刘涛姐弟。[3]从此，照料刘涛和刘丁、协助刘少奇工作的重担就落在王光美的肩上。

王光美和刘少奇结婚之后，刘涛一直跟在王光美的身边。在这些孩子当中，刘涛是王光美最宠爱的一个。据刘涛回忆，她在家里能够穿最新的衣服，骑最好的自行车。[4] 王光美尽力不让刘涛感觉到自己是后妈。

王光美对刘少奇和孩子的深情也饱含对婆婆的尊敬与怀念。刘少奇去世后，王光美多次回到家乡，每次回去她都会来到婆婆

---

[1] 孙中华：《不是亲生胜亲生——王光美与刘涛的母女情》，《党史文汇》2013年第1期。

[2] 张绛：《王光美与刘少奇结婚前后》，《党史博览》2006年第5期。

[3] 孙中华：《不是亲生胜亲生——王光美与刘涛的母女情》，《党史文汇》2013年第1期。

[4] 贾海红：《学会向前看——访刘少奇、王光美的子女们》，《人民教育》2007年第1期。

坟前献上一束青翠的松枝，恭恭敬敬地三鞠躬。她曾说："我回花明楼，应该来祭拜婆婆，因为少奇很孝敬他的妈妈。"[1]

刘少奇和王光美的感情虽历经峥嵘岁月，却越发坚定和忠诚。他们的婚姻没有太多浪漫柔情，却有许多实在、体贴和温馨。透过这些点点滴滴，我们领略了刘少奇和王光美朴实无华、真实动人的情感世界，也仿佛亲身见证了他们因此而形成的"幸福家庭"。

周恩来：《新华日报》刊讣告

老一辈革命家周恩来儿时就立志"为中华之崛起而读书"，青年时代即投身革命洪流。在他非凡的一生中，"大家"始终是在"小家"之前。不过，周恩来也常说，共产主义者并不是六亲不认。[2]在尊亲重孝方面，他所表现出的至亲至孝情怀是感人肺腑的。

周恩来很孝敬父母。他不满一岁时，就由守寡的嗣母陈氏带在身边抚养，她把全部感情和心血都倾注在对周恩来的抚养和教育上，周恩来称陈氏为"娘"，陈氏给他请来一个乳母，叫蒋江氏，他们一起住在西院的小屋里。周恩来四岁时，嗣母就教他识字；五岁时，送他进私塾读书。嗣母对他要求很严格，每天黎明时分就叫他起来，亲自在窗前教他读书。有一次，周恩来玩刀子，几乎伤了自己的眼睛。自那之后，陈氏更不许他轻易出去，整天把他关在屋里念书，空暇时，就教他背唐诗，给他讲

---

[1] 姜艳辉：《刘少奇和王光美的爱情生活》，《湘潮》2008年第11期。
[2] 刘永辉：《至孝周恩来》，《党的建设》2010年第12期。

故事。[1]

1904年，六岁的周恩来随同父亲、生母等亲人，搬到清河县清江浦居住，并到外祖父家的家塾里读书。这时，家中境况已经越来越不好了。父亲为人老实、胆小，能力比较差，到清江浦后，只谋得一个月薪16元的小差使。家里常靠借钱过日子。他的嗣母又劳累又愁闷，很快就一病不起。1908年夏，嗣母便被肺结核夺走了生命。[2]周恩来对嗣母怀有特别深厚的感情，他写过一篇《念娘文》，可惜没有保存下来。抗战胜利后，他在重庆对记者说："三十八年了，我没有回过家，母亲墓前想来已白杨萧萧，而我却痛悔着亲恩未报！"[3]

1937年抗战全面爆发后，周恩来作为中国共产党的首席代表参与国共和谈。不久，八路军武汉办事处成立，他的父亲周贻能和邓颖超的母亲杨振德，被先后接到了八路军武汉办事处。

日军攻占武汉前，周贻能是由天津辗转到淮安的。此时，淮安已经快为日军占领，他的弟媳杨氏和侄儿周恩硕等已转移到林集乡间，这里属当时的淮北解放区。1938年，周恩来到武汉后，通过组织找到了生活无着、颠沛流离的父亲，并请他赶赴武汉。老舍先生在1938年第6期《抗战文艺》上，有一段关于周贻能到武汉的生动记述。那天，周恩来正在汉口出席中华全国文艺界抗敌协会第二次理事会。在周恩来讲话的最后，他含着眼泪说："要失陪了，因为老父亲今晚10时到汉口。（大家鼓掌）暴敌使

---

[1] 金冲及主编：《周恩来传》（一），北京：中央文献出版社，2011年，第3页。
[2] 同上书，第4页。
[3] 金冲及主编：《周恩来传（1898—1976）》（上），北京：中央文献出版社，2008年，第4页。

我们受了损失，遭了不幸，暴敌也使我的老父亲被迫南来。生死离合，全出于暴敌的侵略。生死离合，更增强了我们的团结！告辞了！"[1]与会的人为他们真挚的父子之情而鼓掌，也为他们父子团聚而鼓掌。

1938年10月从武汉撤离时，周贻能和杨振德由朱端绶[2]姐妹带领护送，从武汉撤往长沙、湘乡，再辗转衡阳、独山、桂林和贵阳。1940年9月，周恩来派袁超俊[3]赴贵阳市郊青岩镇乡间将二位老人接到重庆红岩奉养。

到重庆红岩后，周贻能因年事已高，只能做些看管仓库、扫扫院子的小事，但他与所有工作人员相处和睦，亲如家人。[4]据童小鹏[5]回忆，周贻能喜欢喝酒，这影响到了他的身体健康，周

---

[1] 周秉德：《我的伯父周恩来》，铁竹伟执笔，沈阳：辽宁人民出版社，2000年，第117页。

[2] 朱端绶1925年加入中国共产党，1928年调入中央政治局机关，同年8月与熊瑾玎结婚。她曾在中央交通机关、《新华日报》报社、国家建设部等单位任职，长期从事党的统一战线工作，被誉为中共中央秘密机关里的"老板娘"。1990年，已经82岁的朱端绶，还曾接受过邓小平女儿邓榕的拜访。朱端绶1994年1月24日病逝，周恩来称赞他们夫妻"出生入死，贡献甚大，最可信赖"。

[3] 袁超俊，贵州桐梓人，1930年加入中国共产主义青年团，1936年加入中国共产党。历任贵州共产主义青年同盟领导人、贵州司机工会主席、上海全国救国会第二届执行委员会代表、八路军武汉办事处副官长、重庆中共南方局秘书等职。1943年6月随周恩来到达延安，并在杨家岭周恩来处工作。

[4] 张开明主编：《江淮情深：周恩来和江苏》，北京：中央文献出版社，2013年，第17页。

[5] 童小鹏从1936年西安事变解决后，便跟随周恩来奔走于南京、武汉、桂林、重庆，长期在国统区工作，曾任中共中央长江局秘书兼机要科长、南方局机要科长等职。新中国成立以后，童小鹏曾任中共中央统战部秘书长、国务院副秘书长兼周恩来总理办公室主任、中共中央统战部副部长，直到1976年周恩来逝世，童小鹏在周恩来直接领导下工作了40年之久。

恩来总叮咛他不要多喝。

　　1942年6月，周恩来因小肠疝气住进重庆歌乐山龙洞湾中央医院准备动手术。此时，父亲周贻能却因多年操劳，病情恶化，于7月10日夜间在红岩离开了人世。由于周恩来手术后身体虚弱，为了不影响他术后身体的恢复，临时主持南方局工作的董必武和邓颖超、吴克坚、钱之光、童小鹏等人开会商量，决定暂不告诉周恩来其父去世的消息，待他出院后再告知。于是，他们就将周贻能的灵柩暂时停放在红岩防空洞内，同时决定派童小鹏和吴克坚到医院去看望周恩来，主动安慰他，好让他尽快恢复健康。[1]

　　周恩来自住院以来，无时无刻不在关心着自己的老父亲。7月6日，周恩来在医院致信邓颖超："再过两三天出院，必须是下星期三了。所以我请你和爹爹商量一下，如果他愿意二十八号本天请人吃面，那就不必等我回来，免得他老人家不高兴。如果，他希望我在家补做，那就等我回来。不过据我所知，他的思想是很迷信的，过生日总愿当天过，儿子在不在跟前倒是次要问题呢。因此，希望你还是将就他一点罢！"[2]

　　10日，周恩来又致信邓颖超说："爹爹的病状，除疟疾外，还宜注意他的年事已高，体力虽好，但他过分喜欢饮酒，难免没有内亏。所以主治他的办法，必须先清内火，消积食，安睡眠。东西愈少吃愈好，吃的东西亦须注意消化与营养，如牛乳、豆浆、米汤、饼干之类，挂面万不可吃。假使热再不退，大便又不通，

---

[1] 秦九凤：《周恩来对父亲的至孝亲情》，《党史纵览》2001年第4期。
[2] 中共中央文献研究室编：《周恩来邓颖超通信选集》，北京：中央文献出版社，2014年，第13、14页。

则宜进行清胃灌肠,勿专当疟疾医。"[1]

可以说,周恩来对自己的父亲是关怀备至,考虑得十分周到。由于董必武等南方局领导一致决定不把周贻能去世的消息告诉周恩来,至7月12日,周恩来仍全然不知。这天上午,他还给邓颖超写信说:"闻爹爹病渐愈,甚放心,并谢谢你的偏劳!"[2]而就在他写信的当天下午,《新华日报》的雇用报童在给他送报时,因为年纪小不懂事,漏嘴说出了"仓库老太爷因打摆子死了,现在正忙后事"的话。这使周恩来警觉起来,他决定第二天自主出院上山。

7月13日,周恩来提前出院回到红岩办事处,立刻便问及父亲的情况。邓颖超见已无法隐瞒,只好据实相告。得知父亲已去世三日的消息后,周恩来当即悲痛欲绝,恸哭不止,并严厉责怪邓颖超:"别人不了解我,你还不了解我,你为什么也瞒我?"[3]他不顾自己病体初愈,为父亲守灵直至拂晓。然后,他向在延安的毛泽东发了份电报:"归后始知我父已病故三日,悲痛之极,抱恨终天。当于次日安葬。"毛泽东于17日复电慰问说:"尊翁逝世,政治局同人均深致哀悼,尚望节哀。重病新愈,望多休息,并注意以后在工作中节劳为盼。"[4]

7月14日,周恩来、邓颖超为父亲举行了简朴的悼念仪式后,

---

[1] 中共中央文献研究室编:《周恩来邓颖超通信选集》,北京:中央文献出版社,2014年,第19页。
[2] 同上书,第28页。
[3] 童小鹏:《风雨四十年》(第二部),北京:中央文献出版社,1996年,第252页。
[4] 金冲及主编:《周恩来传(1898—1976)》(上),北京:中央文献出版社,2008年,第567、568页。

将其灵柩安葬于重庆小龙坎复元寺后面八路军办事处的公墓中。次日，重庆《新华日报》刊登了周恩来、邓颖超联名为父亲周贻能去世发布的讣告[1]。讣告内容全文如下：

> 显考懋臣公讳劭纲府君，痛于中华民国三十一年七月十日骤因数日微恙突患心脏衰弱、脾胃涨大急症，经医治无效，延至当晚十一时逝世，享年六十九岁。男恩来适因病割治于中央医院，仅闻先父患症，比于昨（十三）日遄归，方知已弃养三日，悲痛之极，抱恨终天。媳颖超随侍在侧，亲视含殓，兹业于今（十四）日清晨安葬于陪都小龙坎之阳，哀此讣告。至一切奠礼赙仪概不敢受。伏乞矜鉴
>
> 男　周恩来、媳　邓颖超
中华民国三十一年七月十四日于重庆

讣告发出后，周恩来的同人、好友都向他表达或转达了悼慰之情，甚至蒋介石也委托张治中到红岩向周恩来表示哀悼。

新中国成立后，周恩来从国家人多地少的实际情况出发，带头平掉祖坟，退耕还田。1958年11月24日，他派童小鹏去重庆，将当年的红岩墓地平掉还耕，将周贻能、杨振德等人的棺木起出，尸骨火化，骨灰装入罐中，埋进冬水田旁现挖的一个深坑中，不留痕迹，只在旁边栽了五棵桉树，立了一块刻有14位逝者名字

---

[1] 周秉德：《我的伯父周恩来》，沈阳：辽宁人民出版社，2000年，第111页。

的小碑，并将那块坟地全部交给沙坪坝公园使用。[1]

在尊亲重孝方面，除孝敬父母外，周恩来的家庭还着力营造温馨浪漫的氛围。周恩来、邓颖超是相爱始终的夫妇，他们青春韶光时期便开始书写的信函，即体现了相互关爱、相互扶持的爱情，令人感佩不已。

1954年11月，周恩来到广州休养，路过他与邓颖超曾经生活过的旧址，写信告诉在京养病的邓颖超，引起邓颖超的共鸣。11月16日，她回信写道："羊城，是多么值得纪念和易引起回忆的地方！它是我们曾和许多战友和烈士共同奋斗过的地方！又是你和我共同生活开始的地方。三十年前你和我是天南地北害相思，这次我和你又是地北天南互想念。"[2]

周恩来、邓颖超都喜爱花，在他们的往来书信中，留下好几段以花寄情的佳话。1942年7月，周恩来因病住院，护士知道周恩来爱花，便送来野花数朵、藤萝两枝，一串葡萄垂于藤萝之间，相映成趣。6日，周恩来在给邓颖超的信中说："此项病室点滴，乌可不记？又乌不告太太？"[3] 1947年，正在华北晋绥根据地参加土改的邓颖超压了一枝小花随信寄给转战陕北的周恩来。4月21日，她在给周恩来的信中，把"春色花香""作为对战争忙、跋涉多、生活不定的你的一点慰问和念意"[4]。1954年，日内

---

[1] 李新芝、刘晴主编：《周恩来纪事（1898—1976）》（上），北京：中央文献出版社，2011年，第282页。

[2] 中共中央文献研究室编：《周恩来邓颖超通信选集》，北京：中央文献出版社，2014年，第100页。

[3] 同上书，第13页。

[4] 同上书，第40页。

瓦会议期间，邓颖超托人给周恩来带去一片红叶，在夹着红叶的纸背面，写下"枫叶一片，寄上想念"这样思恋殷殷的话。6月13日，周恩来托信使捎回两朵日内瓦茶花，回赠邓颖超，"聊寄远念"[1]。

周恩来、邓颖超患难与共，他们在危急险恶时候所写的信件，也蕴含了深沉的爱情力量。1955年4月，邓颖超得悉周恩来在赴万隆会议的途中遇到台湾特务机关图谋暗害的险情后，在4月10日致信周恩来："为了人民的利益，为了人类进步崇高的事业，为了你能做更多的工作，你必须善于保卫你自己。在这方面，亦必须取得对敌斗争的胜利……请你放心，我不会因为这些致引起我的悬念不安。虽然偶一念及，亦难禁忐忑，但一想到人民的利益，想到我们正从事着前人从未做过的光辉伟大的事业，则就忘我而处之泰然了。何况还有三十多年的经历和考验哩！"落款是"你的知己兼好妻"[2]。

为对方身体健康的牵挂关爱，也一直是他们通信的内容。1950年2月3日，邓颖超给周恩来的信写道："觉要多睡，酒要少喝，澡要常洗，这是我最关心惦记的，回来要检查哩！"[3]2月7日，邓颖超写道："自从你入院，我的心身与精神，时时是在不安悬念如重石在压一样……所以，我就不自禁地热情地去看你，愿我能及时地关切着你的病状而能助你啊……我想你一回来，我的心身内外负荷着的一块重石可以放下，得到解放一番，

---

[1] 中共中央文献研究室编:《周恩来邓颖超通信选集》，北京：中央文献出版社，2014年，第96页。
[2] 同上书，第102页。
[3] 同上书，第84页。

我将是怎样的快乐呢！"[1]

1971年，73岁的周恩来已疲乏不堪，邓颖超看在眼里，忧在心头。3月3日晚，邓颖超写了封便笺："你从昨天下午六时起床，到今天晚上十二时睡的话，就达三十小时，如再延长，就逐时增加，不宜大意，超过饱和点，以至行前，自制干扰，那你应对人民对党负责了！！万望你不可大意才是！！这是出于全局。为了大局的忠言，虽知逆耳，迫于责任，不得不写数行给你。你应善自为之。"[2]

周恩来、邓颖超的往来书信，是两位马克思主义者携手写下的人生大书，他们在革命征程和社会主义建设过程中所展现的夫妻情、战友情，感人至深，对今人树立正确的爱情观有着典型的示范意义。

朱德："无名母亲"的追悼会

中国共产党老一辈革命家朱德戎马一生，为党和国家倾尽全力。他深深地爱着"大家"，也时刻挂念着"小家"。在尊亲重孝方面，朱德最值得一提的是他对"无名母亲"钟氏的孝敬。

1886年12月1日，朱德出生在四川省仪陇县马鞍场琳琅寨李家塆一个佃农家里，哺育他的是一位平凡得连名字都没有留下的农家妇女——钟氏。朱德的童年生活是极其悲苦的。在朱德心

---

[1] 中共中央文献研究室编：《周恩来邓颖超通信选集》，北京：中央文献出版社，2014年，第15页。
[2] 同上书，第118页。

目中,他最崇敬的亲人就是自己的生母。他常对夫人康克清说:"要问我这一生有什么遗憾的话,就是没有尽到孝心,让母亲受了苦。"[1]

钟氏19岁来到朱家。她身材高大,"有着一般农妇的强壮的体力",性情"贤淑和气","从来不发(脾)气,不打人、骂人"。[2]她在这个原本劳碌的家庭里更显出是一个劳动能手。农家日常工作如挑水、担粪、种菜、喂猪、养蚕、纺棉、缝衣,事无大小,她都亲自动手,数十年如一日。"每天天还没亮,母亲就第一个起身,接着听见祖父起来的声音,接着大家都离开床铺,喂猪的喂猪,砍柴的砍柴,挑水的挑水。"[3]此外,她还得为一家20人做饭。农民生产的是白米,吃的却是豌豆饭、菜饭、红薯饭和杂粮饭,这些也就是钟氏食谱里的主要食材。[4]

然而,钟氏的辛苦还不止于此。她先后生子女13人,养活的8人,朱德就是她的第三个孩子。在这样人口众多的大家庭里,她一面紧张地兼顾着母亲和农妇的两重身份,一面还注意以自己的言行来对孩子进行教育。她的人格力量不仅及于她的子女,而且还及于全家所有长幼、伯叔、妯娌。对于更穷苦的亲戚,她往往减损自己,勉力周济。"她不嫌弃人,爱穷人,给叫化子也要说几句话。"[5]

随着朱德日渐成长,钟氏排除万难,坚持送他入学。民国初

---

[1]朱敏:《我的父亲朱德》,北京:人民出版社,2009年,第178页。
[2]金冲及主编:《朱德传》(修订本),北京:中央文献出版社,2006年,第2页。
[3]同上书,第3、4页。
[4]《朱母钟太夫人传略》,《解放日报》1944年3月25日。
[5]金冲及主编:《朱德传》(修订本),北京:中央文献出版社,2006年,第3页。

年,朱德毕业后在护国军任职,他将自己所得部分薪金寄回家,并得田地 30 亩,但这并没有减轻钟氏的劳碌。1921 年,朱德父亲去世,钟氏独自支撑起一家人的生活,直到她的暮年。朱德是永远挂念着钟氏的,但是他决心向全中国的人民尽他的大孝道,他要消灭那使他母亲以及千百万其他母亲被侮辱与被损害的社会根源。辛亥革命没有达到这个目的,于是他继续奋斗追求,30 余年不曾回家过一次。朱德最后是找到了中国革命的正确道路,当然也遭到了一连串的艰难危险。但是,朱德和钟氏一样,对这个命运是泰然的。[1] 抗战以后,朱德的处境比以前好了,但是钟氏仍在家里继续过着贫穷勤朴的农妇生活。

1944 年 2 月 15 日,劳累了一生的钟氏去世,享年 86 岁。由于战争期间的邮路受阻,这个噩耗传到延安已是早春三月。朱德老家来信说,钟老太太病逝,死得突然,十分安详,没有痛苦。信中虽说得如此轻松,但仍令朱德悲伤不已。他一个人坐在炕头默默地吸烟,眼泪在他刚毅的脸上流淌。"为了表达对母亲的哀思,他一个多月没有刮胡子。"[2]

1944 年 4 月 10 日,延安各界隆重举行追悼八路军总司令朱德的母亲钟氏的大会,这是中国共产党历史上仅有的一次为党的领导人的母亲举行的公祭仪式。

下午 2 时,延安各界代表 1000 多人集结在杨家岭大礼堂,中共中央及陕甘宁边区政府的领导人毛泽东、周恩来、林伯渠等,延安农民劳动英雄田二鸿、工人劳动英雄郝作明以及士绅商民代

---

[1]《朱母钟太夫人传略》,《解放日报》1944 年 3 月 25 日。
[2] 于化庭、林建公:《读懂朱德》,成都:四川人民出版社,2009 年,第 344 页。

表均参加了此次追悼大会。

从中央领导人到广大群众，都为钟氏崇高的品德和无私的精神所感动，会场布满了挽联。毛泽东写的挽联是："为母当学民族英雄贤母，斯人无愧劳动阶级完人。"[1]刘少奇、周恩来等人合挽："教人成民族英雄，举世共钦贤母范；毕生为劳动妇女，故乡永保好家风。"[2]中共中央党校敬赠的挽联上写道："唯有劳动人民母性；能育劳动人民领袖。"[3]

追悼会在低沉的哀乐声中开始，全体起立默哀。然后，由谢觉哉代朱德读祭文。这篇祭文后以《母亲的回忆》为题，刊登在延安《解放日报》上。朱德在祭文中回忆，钟氏总是天不亮就起床、种田、种菜、喂猪、养蚕、纺纱，还要与家里的其他妇女轮班做饭。以前家里的生活很苦，可由于钟氏聪明能干，也勉强过得下去。孩子们穿的衣服是经钟氏亲手纺线，再请人织成布、染成色的土布衣服，一套衣服老大穿过了，老二、老三接着穿。钟氏性格和蔼，任劳任怨，从没打骂过孩子，也没有同任何人吵过架。因此，在这个大家庭中，长幼、伯叔、妯娌相处得很和睦。钟氏同情穷人，虽然自己不富裕，还周济比自己更穷的亲戚。钟氏对孩子管束很严，朱德四五岁时就跟着钟氏干家务活。朱德父亲有时吸点烟、喝点酒，钟氏却不让孩子沾上一点。长大后，朱

---

[1] 中共中央文献研究室编：《毛泽东年谱（1893—1949）》（中册），北京：中央文献出版社，2013年，第506页。

[2] 毛泽东：《毛泽东对联笺析》，何泽中辑注，长沙：湖南文艺出版社，1993年，第107页。

[3] 朱和平：《永久的记忆：和爷爷朱德、奶奶康克清一起生活的日子》，北京：中国文史出版社，2015年，第104页。

德离开钟氏参加革命,钟氏不但不反对,还给予许多安慰。由于过多的生育,加上繁重的劳动、贫寒的生活,钟氏过早地苍老和憔悴。[1]

朱德后来向美国记者史沫特莱谈起钟氏时说:"她比一般妇女要高大一些,强壮一些,裤子和短褂上,左一块右一块都是补丁,两只手上伏显着粗粗的血管,由于操劳过度,面色已是黝黑,蓬蓬的头发在后颈上挽成一个发髻,两只大大的褐色眼睛里充满了贤惠,充满了忧愁。"[2]

朱德深受母亲钟氏的影响,他的祭文中满含对母亲的感激之情。他说:我应该感谢母亲,她教给我"与困难作斗争的经验"。我在家庭中已经饱尝艰苦,这使我在 30 多年的军事生活和革命生活中再没感到过困难,没被困难吓倒。母亲又给了我一个强健的身体,一个勤劳的习惯,使我从来没感到过劳累。我应该感谢母亲,她教给我生产的知识和革命的意志,鼓励我以后走上革命的道路。在这条道路上,我一天比一天认识到,只有这种知识、这种意志,才是世界上最宝贵的财产。"我用什么方法来报答母亲的深恩呢?我将继续尽忠于我们的民族和人民,尽忠于我们的民族和人民的希望——中国共产党,使和母亲同样生活着的人能够过快乐的生活。这是我能做到的,一定能做到的。"[3]

朱德的祭文宣读完之后,开始举行公祭仪式。周恩来、高岗、

---

[1] 朱德:《母亲的回忆》,《解放日报》1944 年 4 月 5 日。

[2] [美]艾格妮丝·史沫特莱:《伟大的道路——朱德的生平和时代》,梅念译,胡其安、李新校注,北京:东方出版社,2005 年,第 15 页。

[3] 中共中央文献编辑委员会编:《朱德选集》,北京:人民出版社,1983 年,第 114 页。

林伯渠、李鼎铭、叶剑英、贺龙、蔡畅、崔田夫、田二鸿、郝作明等延安各界代表，逐一敬香、献花、献馔、读祭文。祭文部分内容如下[1]：

> 当国族危急，生民多艰之际，群众奋起救亡图存之时，即必有从战斗中锻炼出之领袖，穷不移，威不屈，成为人民之大旗。而此领袖之养成，又常自幼受家庭陶冶与刺激，因而奋发，誓拯大众之厄，而解民族之危。
>
> 我朱总司令之母钟太夫人，生值逊清末季，野有巨豪，朝无良吏，人民生计涸竭，而难以相维。太夫人日夕劳作，井臼粗米，釜奋刀尺之事，靡不躬亲治理，甘之如饴。而又孝于翁姑，和于妯娌，慈抚子女，善待邻里，敦人伦之美德，非凡俗所能媲。然而阴暗社会，无穷人喫饭之地，更无善人出头之机，饿寒之岁，无米为炊，权门相逼，无家可归，遂恍然于社会症结之所在，而将其求光明之志愿付诸爱儿。
>
> 太夫人送总司令入学，从军参加革命，而己则克勤克俭，数十年如一日，虽属高年，仍躬机杼，不稍易其素持。
>
> 太夫人之伟大，实为全民族之大母，而岂世俗称母仪者所庶几。
>
> 正宜板舆迎荞，寿乐期愿，向慈云之在望，忍宝婺之潜辉，薄海军民，奔走嗟叹，仰懿行之永在，望德容而莫追。惟是边区民主，喜先鞭之既著，团结抗战，卜胜利之可期。

---

[1] 雍桂良、褚家伟、曹殿举、雍维编注：《中外祭奠文粹》，长春：吉林教育出版社，1996年，第92页。

太夫人之素愿获遂，亦即我总司令尽孝在于无违。尚飨。

接着，由吴玉章介绍钟氏的生平以及各界代表讲话。周恩来首先代表中共中央讲话，他称赞钟氏是个好劳动者，看到钟氏的传记，感到一个农民家庭从小到老都在生产劳动中，这是全人类的希望。他说："中国的新社会就是从千百万劳动者中间创造出来的，钟氏是个好母亲。我们看到她以勤劳的习惯、革命的意志教养了朱德。她教养了朱德成为民族英雄，是很值得骄傲的，我们很荣幸有这样一位民族母亲。""朱德到国外寻觅革命知识，参加共产党，二十多年来从未回过家门，但她仍不断鼓励朱德。抗战后，朱德只寄了几百元钱回去，她仍然继续劳动，并不依靠朱德、八路军、共产党为她养老，因为她知道抗战是艰苦的，共产党人是大公无私的。这种抗属在全中国是少见的，即使在全世界反法西斯军人的母亲中，也是值得骄傲的。她的操守值得全国人民学习。"[1]周恩来发言之后，陕甘宁边区政府主席林伯渠代表边区全体人民，陕甘宁晋绥联防军司令员贺龙代表军队全体将士讲了话，再由朱德致答词。

最后，大会宣读唁电。钟氏逝世后，各地纷纷发来唁电表示哀悼。国民政府军事委员会参谋总长何应钦的唁电说："惊闻之余，至深哀悼。太夫人福寿全归，母仪永耀，尚望勉抑孟思，无过哀毁。"[2]十八集团军司令部的唁电称："惊悉钟太夫人讣报，

---

[1] 梁磊：《延安各界追悼朱德母亲大会纪实》，《党史博览》2003年第10期。
[2] 安淑平、王长生：《蒋介石悼文诔辞密档》，北京：团结出版社，2010年，第244页。

敌后军民，咸深哀痛！太夫人毕世勤劳，殚尽心力，抚育革命领袖，功在民族国家，楷模失瞻，德操长存，图蔚冥漠，莫如继志，当取太夫人遗训，教育三军；以对敌之胜利，望风遥奠。"[1]

在一片哀乐声中，追悼大会宣告结束。

由于肩负着民族解放的重任，也由于严酷的战争环境，朱德没有时间侍奉母亲，这对他来说确实是一件遗憾的事。1966年11月，一位意大利记者问朱德："你一生中，最大的遗憾是什么？"朱德毫不犹豫地说："我没能侍奉老母，在她离开人间时，我没有端一碗水给她喝。"[2]但是，母亲钟氏对他毫无怨言，她支持儿子的事业，并不期求儿子给家里什么资助。当她得知自己的儿子担任八路军总司令时，仍不辍劳作，自食其力，她唯一所求是在余生能见上儿子一面。1938年，四川闹灾荒，赤地千里，哀鸿遍野。朱德从到延安投奔革命的老乡那里得知这一情况后，非常挂念家乡年迈的母亲。身为八路军总司令，他每月只有五块大洋的薪水，不得不求助于往日的同乡挚友。他在抗日前线的山西洪洞县，给在四川泸州的好友戴与龄写信[3]求助。信中说：

与龄老弟：

我们抗战数月，颇有兴趣，日寇虽占领我们许多地方，但是我们又去恢复了许多名城，一直深入到敌人后方北平区

---

[1] 梁磊：《延安各界追悼朱德母亲大会纪实》，《党史博览》2003年第10期。

[2] 朱和平：《红色记忆：和爷爷朱德、奶奶康克清一起生活的日子》，北京：当代中国出版社，2004年，第94页。

[3] 中共中央文献研究室第二编研部编：《朱德自述》，北京：解放军文艺出版社，2003年，第204页。

域去日夜不停地与日寇打仗，都天天得到大大小小的胜利，差堪告诉你们。昨邓辉林、许明杨、刘万方等随四十一军来晋，已到我处，谈及家乡好友，从此话中知道好友行迹，甚以为快，更述及我家中近况颇为寥落，亦破产时代之常事，我亦不能再顾及他们。唯家中有两位母亲，生我养我的均在，均已八十，尚康健。但因年荒，今岁乏食，恐不能度过此年，又不能告贷。我十数年实无一钱，即将来亦如是。我以好友关系向你募贰百元中币速寄家中朱理书收。此款我亦不能还你，请作捐助吧。望你收到复我。此候

近安

朱德
十一月二十九日
于晋洪洞战地

戴与岭接到信后，当即筹足 200 元送到朱德家里。信中满纸质朴的语言，体现了革命者无私无畏的坦荡胸怀和清正廉洁的高贵品质，也深蕴着朱德牵挂、热爱母亲的深情。

同朱德一样，众多党的第一代领导人诸如毛泽东、周恩来等，他们为了建立新中国而不能在父母面前尽孝，但是他们尊老爱老、孝敬父母的心却是常在的、永恒的。

邓小平：待继母如生母

新中国成立后，邓小平肩负国家重任，日理万机的他，时刻都有繁重的事务等待他处理。但在日常生活中，他却不失为一

个好儿子、好丈夫、好父亲、好爷爷。他努力培育和营造良好的家风，晚年生活在一个四世同堂、其乐融融的大家庭中。

邓小平有着十分独到的家庭观。1992年，他在视察珠海电子有限公司时，谈到了家庭的重要性。他指出："欧洲发达国家的经验证明，没有家庭不行，家庭是个好东西。孔夫子讲，修身齐家治国平天下。家庭是社会的一个单元，修身齐家才能治国平天下。他还特别举例说明了家庭的社会功能。他说，都搞集体性质的福利会带来社会问题，比如养老问题，可以让家庭消化。欧洲搞福利社会，由国家、社会承担，现在走不通了，老人多了，人口老化。国家承担不起，社会承担不起，问题就会越来越大。全国有多少老人，都是靠一家一户养活的。中国从孔夫子起，就提倡赡养老人。"[1]这段话包含了至深的家庭伦理思想，精辟地阐释了家庭和国家的关系，也透露出他基本的家庭观。

邓小平极其孝顺，他曾经说过："父母之爱我犹如宝贝一般。"[2]父母养育之恩他终生难忘。邓小平有个继母，名叫夏伯根，是邓小平的父亲邓绍昌的第四位妻子。邓绍昌在1938年遭土匪暗杀，夏伯根从此守寡。[3]因此，夏伯根对邓小平来说，既不是他的生母，也不是养母，但邓小平夫妇对待她如同亲生母亲，他们和继母所生的弟妹也相处得十分和睦。

新中国成立之初，邓小平回到重庆的消息传到广安，舅舅谈

---

[1] 孔业礼：《邓小平："家庭是个好东西"——兼及毛泽东、周恩来、刘少奇、朱德等领导人有关共产党人应如何对待家庭的论述》，《党的文献》2010年第6期。

[2] 中共中央文献研究室编：《邓小平传（1904—1974）》（上册），北京：中央文献出版社，2014年，第5页。

[3] 秦燕：《邓朴方的路》，上海：书海出版社，1992年，第92页。

以兴找到夏伯根,两人决定乘船去重庆寻亲。[1] 船在朝天门码头靠岸,从未见过继子的夏伯根一路打探邓小平住所,几番交涉,两人终于在晚上见到邓小平夫妇。一见面,多年未见的舅甥俩立刻忘记了旁人,自顾自地拉起了家常。妻子卓琳为夏伯根端上一杯茶后,问起一路的情况。看着这名只比自己大几岁的农妇,邓小平夫妇做出决定,要夏伯根留下来一起生活,今后他俩给她养老。

回到家里后,邓小平向孩子介绍家中新成员,并示意孩子们叫夏伯根"奶奶"。卓琳也对孩子们说,家里不分亲奶奶、继奶奶,一律称奶奶。卓琳对夏伯根的称呼随了孩子们,也叫"奶奶"。[2]

1952年,邓小平因要调往中央工作,举家迁往北京。夏伯根知道后,试探性地问是否她也去。其实,邓小平和卓琳早就想好要把她接到北京一起生活了。

到了北京,邓小平立即投入到紧张的工作中。卓琳代替丈夫领着老人和孩子游览北京的名胜古迹。遇到熟人向她打招呼,她总是主动拉着夏伯根的手介绍起来。"可以想象,正是因为有了卓琳对夏伯根的尊敬,才换来了邓家的团结和谐;也正因为这一点,她才像一座桥梁那样,沟通了邓小平与继母、孩子与奶奶之

---

[1] 对于夏伯根到重庆与邓小平相见的情况,学界说法不一,有学者就指出,"听说邓家的人回来了,夏氏非常高兴。她辞掉了长工,舍弃了田产、老屋,拎着一个小小的包裹,独自一个人跋山涉水来到重庆,找到邓小平,并同他们住在了一起"。参见郑惠主编:《中南海轶事:红墙内的领袖们》(第一卷),北京:中央文献出版社,1998年,第94页。

[2] 杜峻晓:《老杜博文选(A卷)》(下册),西安:太白文艺出版社,2011年,第4页。

间的关系。"[1]

　　自从夏伯根融入到邓小平家，祖孙三代便成为快乐的一家人。在半个世纪的生命历程中，邓小平夫妇待她如亲母，从不分你我。邓小平和卓琳去上班，孩子们就全交给夏伯根照料。夏伯根来到邓小平家里的时候，邓小平的大女儿邓林9岁、大儿子邓朴方6岁、二女儿邓楠5岁、小女儿邓榕才10个月。从那时起，他们就由祖母带养。小儿子邓质方1951年8月出生后，也是由夏伯根带大的，所以，孩子们对夏伯根的感情特别深。[2]

　　"文化大革命"期间，邓小平夫妇被下放到江西"改造"。出发前，卓琳和邓小平商量把夏伯根带走。夏伯根当时已经70岁高龄，留她住在北京，卓琳也不放心。其实，夏伯根此时已经收拾好行李——她同样放心不下身体不好的儿子、媳妇。

　　到了江西，在"将军楼"的新家里，卓琳负责扫地、擦桌、洗衣等轻活，夏伯根负责做饭。邓小平为了照顾卓琳的身体，又不肯让年事已高的继母再承担过重的家务，便独自挑起了家务劳动的重担，劈柴、生火、擦地等重活脏活他都自己做。"遇到天气热自来水上不了楼的时候，他还负责把水从楼下往楼上提。而且，卓琳身体不好，时常犯高血压，有时得卧床，邓小平除常要给她端饭送水外，还要承担家里衣服、被子、床单等的浆洗等。"[3]

　　1973年，中央通知邓小平返京工作。夏伯根跟邓小平夫妇又

---

[1] 广东省文明办编：《道德讲堂》，广州：南方日报出版社，2012年，第233页。
[2] 史存真主编：《共和国领袖风云纪实》（第3卷），呼和浩特：内蒙古人民出版社，1999年，第155页。
[3] 中共中央文献研究室编：《邓小平传（1904—1974）》（下册），北京：中央文献出版社，2014年，第1375页。

回到了北京。

1997年2月19日,邓小平逝世。夏伯根的头发一下白到了发根,从此,她突然感到身体再无气力。从那天起,97岁高龄的夏伯根不吃饭也不喝水。卓琳在女儿的陪伴下赶往医院看望婆婆,刚刚送走丈夫,她必须竭尽全力留下婆婆。卓琳坐在病床前,紧紧握着老人的手。

四年后的春天,夏伯根辞世,享年101岁。显然,这位老人能够生活得如此长寿、幸福,与邓小平夫妇的悉心照顾是分不开的。

邓小平对母亲的孝顺只是他家庭观的一部分。在子女眼里,邓小平也是一个热爱生活、热爱家庭的普通人。他珍视亲情、爱情,喜欢和孩子打成一片,营造出温馨和谐的家庭氛围。

女儿邓楠说,父亲把家庭看得特别重,他把工作和家庭分得很清楚,从来不把工作上的事情跟家里人讲。公事是公事,家庭是家庭。的确,在邓小平心里,家庭就是给他快乐、使他能充分休息以便更好工作的地方,他非常喜欢这个家,特别爱和家人在一起享受家庭的温情。在子女眼中,邓小平是最朴实、最普通的父亲。"父亲跟我们说,如果世界上评选最优秀爷爷奖、最佳爷爷奖,那我应该当选。他是发自内心地以当个好爷爷为荣。"[1]

邓楠说,邓小平喜欢打台球,喜欢打桥牌、游泳,喜欢寄情山水名胜,喜欢一切美好的事物。父亲指挥过千军万马,但他对描写战争残酷的电影一概不看,"我们问他为什么,他说以前打

---

[1] 邓楠:《我们心中的父亲》,《人民日报》2014年8月21日。

仗死人太多，所以他特别珍惜和平年代，特别热爱生活"[1]。

晚年的邓小平享受着传统中国人"四世同堂"的福分，上有"老祖"（即夏伯根），下有孙子孙女，老老少少十几口人，可谓儿孙满堂的幸福之家。每天晚饭，一大家子人聚在一起边吃饭边聊天，从国家大事说到社会新闻。邓小平从不发表意见，只是默默地吃饭。但他喜欢这种轻松活泼、温暖融洽的家庭气氛。[2]有时，饭桌上少了几个人，气氛安静下来，他就会问今天怎么这么冷冷清清；如没看见哪个孙子，他也会关心地问到哪里去了。

在记述邓小平访问美国的电影纪录片《旋风九日》中，有一幕是他在美国肯尼迪中心观看表演后，上台亲吻不同肤色儿童的动人场面。是的，邓小平爱孩子，在国内视察和出国访问是这样，在家中也是这样。邓小平和卓琳有五个子女，除了战争年代寄养在老百姓家中和解放后住校学习外，孩子们都是随父母生活长大的。此外，还经常有亲属和战友的孩子住在他家中。从在江西劳动时起，邓小平家中陆续有了四个孙辈，每个孩子出生不久就被送到邓小平夫妇身边，由他们亲自照料，就像接力一样。家属和工作人员曾回忆说，无论在什么情况下，无论压力多大、工作多忙，只要一看到孩子，邓小平脸上就露出笑容，总是那样慈祥。[3]

邓小平一生深爱着自己的祖国和人民，也深爱着自己的家庭

---

[1] 参见2014年8月18日邓楠在四川广安参加四川省纪念邓小平诞辰110周年座谈会时的讲话。

[2] 中央文献研究室《党的文献》编辑部、中央文献研究室《文献与研究》编辑部编：《史林智慧琐谈（续三）》，北京：中央文献出版社，2011年，第216页。

[3] 卫炜：《邓小平同志的家风》，《学习时报》2017年2月3日。

和妻子。1939年8月,卓琳与邓小平举行婚礼后,即随丈夫奔赴太行前线。从相识到相爱,从相行到相知,国家和民族的命运、恩爱的家庭把他们紧紧连在一起。"2009年度感动中国人物"颁奖典礼上,关于卓琳的颁奖词是这样说的:"彩云之南的才女,黄土高原上的琼英,携小平手五十八载,硝烟里转战南北,风雨中起落同随,对她爱的人不离不弃,让爱情变成了信念。她的爱像一个民族的崛起,注入了女性的坚定、温暖与搀扶。"[1]

在邓小平和卓琳近60年的共同生活中,他们始终相互尊重理解,相互体贴照顾,同甘苦共患难。邓小平很体贴妻子,妻子和儿孙也有一个共同心愿,就是精心照顾邓小平,实现他"到香港自己的土地上走一走、看一看"[2]的愿望。虽然邓小平没有等到香港回归的那一天,但妻子卓琳代表他目睹了庄严的历史时刻。

孝敬父母是中华民族的传统美德,也是社会主义精神文明建设的重要组成部分。孝是一个人内在品质的综合反映,一个有孝敬心的人就应该对家庭有责任感,对家人有爱心;而一个人只有具备了家庭责任感,才有可能具有社会责任感,才有可能做到"情为民所系,权为民所用,利为民所谋"。随着经济社会的发展,在我国广大地区,由于城乡经济发展的不平衡,乡村青壮年劳动力普遍向城市转移,使得老人缺少照顾。同时,为了改变生活状况,很多有志向的年轻人通过个人努力考上大学,甚至出国深造,而他们毕业后大都选择留在城市,忙于事业和家庭,从而疏远了自己的父母。所有这些,都导致社会上赡养父母、尊亲重

---

[1] 胡占凡主编:《CCTV感动中国十年》,北京:学习出版社,2012年,第303页。
[2] 易文军、李树全:《邓小平之路》,北京:人民出版社,2004年,第5页。

孝的传统退化。因此，当今社会我们依然需要发扬尊亲重孝的优良传统。如果每个家庭都能够做到父慈子孝，就必然形成父母子女之间结构性的相互支撑，使整个社会更加和谐稳定，使我们的生活变得更加美好。

三　你们一定要尊敬老师

《论语》开篇就提出:"学而时习之,不亦说乎?"以"学"作为整部《论语》的领起,可谓意味深远,说明"学"是一个人安身立命、经世致用的关键。古语云:"道之所存,师之所存。"不尊师敬学,"修""齐""治""平"也就流于空谈。故尊师敬学对于传道、治国、平天下皆至关重要。

以毛泽东为代表的中国共产党老一辈革命家,继承了这种尊师重道的传统,将老师视为人生的重要引路人,一生不忘恩师教诲。他们还以自己的亲身实践,教育子女和身边人要尊敬老师、尊重知识、热爱学习,从而将尊师重道很好地融入了家庭生活和家风建设之中。

毛泽东:主席的老师更应该坐上席

新中国的缔造者毛泽东对自己的老师十分尊敬,不论是在青年时期还是晚年,他一直都是如此。他有许多尊师的故事流传至今,传为佳话。

中国共产党自成立以来,便不主张在党内为个人搞祝寿活动。毛泽东等党和国家领导人以身作则,多年如一,坚持不为自己做寿。但是,这也有特殊情况和例外,当红军经过长征到达陕北之后,由毛泽东和中共中央提议,先后为徐特立举行了两次公开的祝寿活动。

徐特立是湖南长沙县五美乡人,原名懋恂,字师陶。1877年2月1日,他出生在一个贫寒的农家。徐特立青年时代就向往进步,景仰孙中山,曾经参加过辛亥革命。自1895年起,他即在长沙等地从事教育工作。在湖南第一师范执教期间,他最得意的学生便是风华正茂的毛泽东。[1]1925年春,毛泽东因病从中共中央所在地上海回到湖南,一边养病,一边从事农民运动。他在长沙拜会了阔别多年的老师徐特立。徐特立向他袒露了自己的苦闷心情,毛泽东则向徐特立谈了自己对中国农民运动的看法和主张,并恳请老师积极支持和参加湖南农民运动。

1927年5月,在大革命遭受严重失败的白色恐怖中,徐特立毅然决然地加入了中国共产党。同年,他还参加了南昌起义,任革命委员会委员、第二十军第三师党代表兼政治部主任。1934年10月,已经57岁高龄的徐特立,参加了举世闻名的红军二万五千里长征。无论是爬雪山还是过草地,他都挂着一根竹杖,扛着防身用的红缨枪,和大家一同行军,硬是把一切艰难险阻踩在了脚下。他总把瞿秋白在长征开始时换给他的一匹好马让给伤病员骑,整个长征路途,他骑马所走的路程不过两千里。大家都说:"徐老徐老真是好,不骑马儿跟马跑。"[2]当红军胜利到达陕北后,徐特立已年近六十。

---

[1] 叶知秋:《徐特立在陕北的两次公开祝寿》,《文史春秋》2008年第1期。
[2] 唐春元:《第一次在党内同志祝寿——"你将来必定还是我的先生"》,《新湘评论》2013年第17期。

1937年1月，毛泽东在党中央的一次会议上提出，要为徐特立破例搞一次祝寿活动，党中央一致支持和拥护毛泽东的这一建议。因为徐特立是全国教育界的名人，他的学生遍布全国各地，通过向全国发出为他做寿的电讯，可以引起全国人民更多的关注，使他的学生互相传递这一消息，击破国民党制造的"共产党已经全部溃败，工农红军被歼"的谣言，用生动的事实说明中国共产党和工农红军已经胜利到达陕北。此外，为不畏艰险、忍苦耐劳的徐特立祝寿，也可以提振红军指战员的士气，坚定党员干部的革命信心，消除悲观主义的情绪。[1]因此，这次为徐特立祝寿具有极强的政治意义。

1月30日，毛泽东在延安窑洞里，给正在陕北保安的徐特立写了一封信。信中写道："你是我二十年前的先生，你现在仍然是我的先生，你将来必定还是我的先生。当革命失败的时候，许多共产党员离开了共产党，有些甚至跑到敌人那边去了，你却在一九二七年秋天加入共产党，而且取的态度是十分积极的。从那时至今长期的艰苦斗争中，你比许多青年壮年党员还要积极，还要不怕困难，还要虚心学习新的东西。什么'老'，什么'身体精神不行'，什么'困难障碍'，在你面前都降服了。""你是任何时候都是同群众在一块的……处处表现自己就是服从党的与革命的纪律之模范。……你是革命第一，工作第一，他人第一……你总是拣难事做，从来也不躲避责任……所有这些方面我都是佩服你的，愿意继续地学习你的，也愿意全党同志学习你。当你六十

---

[1] 许顺富：《毛泽东两次公开为徐特立祝寿的背后玄机》，《党史博采（纪实）》2018年第1期。

岁生日的时候写这封信祝贺你,愿你健康,愿你长寿,愿你成为一切革命党人与全体人民的模范。"[1]信写完的当天,毛泽东就派人骑马涉过潺潺延河,星夜前往保安,将信专程送到在那里主持中华苏维埃中央政府西北办事处教育部工作的徐特立手中。

其实,红军长征到达陕北后,虽然和党中央的所在地延安近在咫尺,可是徐特立一心扑在教育工作上,和毛泽东连见面的机会都没有。当徐特立收到毛泽东为自己祝寿的亲笔信时,激动不已。他在感动之余,决定向党中央和毛泽东致函,坚决要求取消为他祝寿。然而,当时祝寿热潮已经掀起,不以徐特立的个人意志为转移了。

为徐特立祝寿与那些封建庸俗活动是不可相提并论的。当时,延安出版的中央机关报《新中华报》专为徐特立祝寿活动发表社论,明确指出:"共产党虽然是马列主义的党,但他无疑也具有普通人应有的一切感情,当然更应具有朴素的同志情谊。我们认为,无论在父子之间、夫妻之间、朋友之间、师生之间,都应该存着真正的友情。这种真正的友情不仅不反对,而且要大力提倡。我党对徐特立的祝寿活动,就生动地说明了这一点。"[2]而且,党中央还为徐特立祝寿活动提出了一系列具体要求。例如,在为徐特立祝寿的过程中不许收礼,只收信件和祝词;允许群众自发组织聚餐活动,但红军将士如果需要聚餐,应从苏区银行发给的津贴中拿钱出来自己解决;等等。

---

[1] 中共中央文献研究室编:《毛泽东书信选集》,北京:人民出版社,1983年,第99页。
[2] 边学祖编著:《极目天舒——毛泽东登山纪事》,北京:中央文献出版社,2013年,第85页。

毛泽东在延安发出为徐特立祝寿的号召，不仅让陕甘宁边区根据地群众和全国八路军为之振奋，而且也影响到了当时国统区和日伪统治区的文化界爱国人士。当时身在上海的女作家谢冰莹，闻讯寄来了她在敌占区冒着危险写成的诗歌，祝贺徐特立寿辰。爱国人士陈子展等人也把徐特立早年在湖南办学时的经历写成传记，不远千里辗转寄往延安。在不到一个月的时间里，就先后收到个人和团体寄送来的祝词、贺信、条幅、贺幛、散文、诗歌等2000多件（幅）。[1]可以说，为徐特立祝寿无疑是在延安举行的一次盛会，是一次革命力量的大检阅，尤其是在红军刚刚到达陕北不久、全国抗战形势异常严峻的时候，在党中央所在地延安举行如此盛大的祝寿活动，是中国共产党顽强生命力的一次生动展示。

徐特立本人在这次祝寿结束之后，在延安的报纸上发表了《我的答词》。他说："各位同志为我祝寿，我很高兴，用不着说客气话……我的一生过着极不平常的生活，把这一老古董推到革命最先锋的队伍中，将来革命史上也占着光荣的一页，与中国民族解放的光荣并存，我值得高兴，我愿继续站在战争的最前线，为民族为世界和平而斗争。"[2]

中共中央第二次为徐特立祝寿，是在1947年2月1日的解放战争时期。

在此之前，徐特立受中央委派，在抗战全面爆发后，奔波于

---

[1] 古广进：《徐特立在陕北的两次公开祝寿》，《民主协商报》2012年8月3日。
[2] 长沙师范学校编：《徐特立传》，陈志明执笔，长沙：湖南人民出版社，1984年，第121页。

第十八集团军和八路军驻湘办事处之间,为党的统战事业做出了重要贡献。1940年回到延安以后,徐特立在边区异常艰苦的条件下,创建了延安自然科学院,为党培养出第一批科技人才。在中共七大上,徐特立当选为中央委员后,改任中宣部副部长。随着他的威望日高,1947年春天,当徐特立70岁寿辰到来之际,党中央经过慎重讨论,决定在全党再次为这位革命老人祝寿。

此时,全国范围的解放战争已经打响,胡宗南的部队正在向延安步步紧逼。尽管战事紧张,党中央仍然决定在撤离延安之前为徐特立祝寿,并公开发表为徐特立庆贺七十大寿的贺信。1947年1月10日,这封发表在延安《解放日报》的贺信[1]写道:

亲爱的特立同志:

党的中央委员会热烈庆祝你的七十大寿!

你的道路,代表了中国革命知识分子的最优秀传统。你是热爱光明的,你为了求光明,百折不挠,在五十岁上加入了中国共产党。你对于民族和人民的事业抱有无限忠诚,在敌人面前,你坚持着不妥协不动摇的大无畏精神,你的充沛的热情,使懦夫为之低头,反动派为之失色。你是密切联系群众的,你的知识是和工农相结合、生产相结合的,你把群众当做先生,群众把你当做朋友。你对自己是学而不厌,你对别人是诲人不倦,这个品质使你成为中国杰出的革命教育家。你痛恨官僚主义和铺张浪费,你的朴素勤奋七十年如一

---

[1] 武衡、谈天民、戴永增主编:《徐特立文存》(第三卷),广州:广东教育出版社,1995年,第381页。

日，这个品质使你成为全党自我牺牲和艰苦奋斗作风的模范。你的这一切优良品质是全党同志和全国人民的骄傲，把你的这一切优良品质发扬光大是全党同志和全国人民的革命任务。

祝你永远健康！

中国共产党中央委员会
一九四七年一月十日

这次为徐特立祝寿，比十年前还要隆重、热烈。在获知将在延安再次为徐特立庆贺寿辰的消息以后，各解放区党委纷纷来电来信表示祝贺。这些纷至沓来的贺电挟带着一股胜利的喜气，象征着中国共产党、人民解放军即将步入一个崭新的时期。[1]

此外，在延安的中央首长和军队著名将领也都纷纷题词或发出贺信。这些贺诗贺信，不仅来自功勋卓著的将领，也有出自名不见经传的普通战士和群众之手。另外，国统区的教育界人士和外国友人也闻讯寄来贺信。其中，引人瞩目的是著名戏剧家、徐特立早年在湖南第一师范的学生田汉，他也从国统区寄来贺诗《懋师七十大寿》。彭德怀此时正在西北前线指挥战役，他虽一贯

---

[1] 如华东局党委在贺信中说："欣适徐老七十寿辰，莫名欢欣。徐老从事教育事业，唤醒人民，一代师表，德高望重。值此反动派妄图继续独裁，加紧内战之际，我全山东解放区军民谨以徐老七十年如一日之胜利信念，坚决大量歼灭顽敌，保卫山东，保卫延安……"冀热辽边区政府的电报写道："您几十年来热心教育，奖掖后进，学而不厌，诲人不倦，持身俭朴，勤劳成习，是我们的模范。我们决心学习您的精神，努力工作，艰苦奋斗，以争取自卫战争的最后胜利！"参见古广进：《徐特立在陕北的两次公开祝寿》，《民主协商报》2012年8月3日。

不喜欢题字或题词，可他对徐特立的人品风范素有好感，因此在前方闻讯之后，他破例执笔，并派人骑马驰骋数百里，专程送去他为徐特立写的一幅题词："徐老是人民的教育家！"[1]

革命战争年代尚且如此尊师，新中国成立后的和平建设时期，毛泽东更是这样。在成为党和国家最高领导人后，他仍然不忘师恩，十分尊重和关心教导过、帮助过他的老师。

毛宇居是毛泽东的启蒙老师。1906年秋天，毛泽东来到离韶山冲上屋场约五里的井湾里，跟随毛宇居读书求学。天资聪明的毛泽东，在私塾里得到毛宇居的格外赏识。他勤奋好学，博闻强识，除了严格按规定诵读经书外，还大量阅读被时人认为是旁门歪道的杂书——《西游记》《水浒传》《三国演义》等中国古代小说。小说中的人物及故事，他都记得清清楚楚，平日讲故事或写文章，他总是信手拈来，活学活用。后来，毛泽东回忆在毛宇居门下的读书生活时说，他最大的收获是读了《资治通鉴》《公羊春秋》《左传》等一些史书，这使他对中国的历史产生了浓厚的兴趣。[2]

毛泽东自1910年离开韶山冲后，长期在外参加革命工作，家乡的许多事情全托付给毛宇居去办理，因为毛宇居不仅有文化，而且为人正派，可靠可信。1925年，毛泽东回韶山开展农民运动，还同夫人杨开慧一道，多次前去看望毛宇居，一起讨论国民革命、农民协会等问题。毛宇居对毛泽东从事革命活动表示理解和支持。[3] 1951年9月，毛泽东捎信到韶山，邀请恩师毛宇居和

---

[1] 叶知秋：《徐特立在陕北的两次公开祝寿》，《文史春秋》2008年第1期。
[2] 梁贤之：《毛泽东与毛宇居的惊世情谊》，《文史春秋》2001年第8期。
[3] 刘建国：《毛泽东与塾师毛宇居》，《湖南党史月刊》1992年第9期。

表兄文枚清一起到北京叙旧。他们在京期间游览了京华名胜,大开眼界,毛泽东还在中南海含和堂前与他们合影留念。

1959年6月25日,在得知毛泽东回到阔别32年的韶山时,毛宇居不顾80岁的高龄,从所住的蔡家塘赶到了韶山招待所——松山一号寓所。毛泽东听说毛宇居来了,赶忙起身相迎。师生相聚,备觉情深。毛泽东即留启蒙老师在韶山招待所安歇。第二天上午,毛宇居陪同毛泽东到韶山冲视察生产情况,一路上谈笑风生。回到寓所,毛泽东同毛宇居共进晚餐。席间,毛泽东起身敬酒,毛宇居连忙说:"主席敬酒,岂敢岂敢!"毛泽东接着应道:"敬老尊师,应该应该!"[1]这段师生之谊,一时传为佳话。

毛泽东对老师的尊敬,反映出他对知识和学习的重视。毛泽东不但自己喜欢读书,他也要求子女多读书、多学习。

1939年8月26日,毛泽东写信给毛岸英、毛岸青说:"你们近来好否?有进步否?我还好,也看了一点书,但不多,心里觉得很不满足,不如你们是专门学习的时候。为你们及所有小同志,托林伯渠老同志买了一批书,寄给你们,不知收到否?来信告我,下次再写。"[2]1941年1月31日,他在写给毛岸英、毛岸青的信中强调:"有一事向你们建议,趁着年纪尚轻,多向自然科学学习,少谈些政治。政治是要谈的,但目前以潜心多习自然科学为宜,社会科学辅之。将来可倒置过来,以社会科学为主,

---

[1] 毛新宇著:《爷爷毛泽东》(下册),北京:解放军出版社,2013年,第579页。
[2] 中共中央文献研究室编:《毛泽东书信选集》,北京:人民出版社,1983年,第157页。

自然科学为辅。总之注意科学,只有科学是真学问,将来用处无穷。"[1]1959年12月30日,他给在北京大学历史系读书的李讷写信说:"要读浅近书,由浅入深,慢慢积累。大部头书少读一点,十年八年渐渐多读,学问就一定可以搞通了。我甚好。每天读书、爬山。读的是经济学。我下决心要搞通这门学问。"[2]为了让这些革命的后代学到更多的知识,毛泽东几次托人买书,在戎马倥偬、炮火纷飞的境况下送往在苏联学习的孩子。继1939年8月寄书后,1941年1月31日,他在给毛岸英、毛岸青的信中说:"关于寄书,前年我托西安林伯渠老同志寄了一大堆给你们少年集团,听说没有收到,真是可惜。现再酌检一点寄上,大批的待后。"[3]毛泽东随信还附上一张书单[4],并注明了册数。其中所列图书,既有一些当时中国的高中教科书,也有《大众哲学》这样毛泽东曾反复阅读的政治类书籍,但大多数是中国古典文学和历史小说。

尊师重道,是中华民族的传统美德。"一日为师,终身为父""天地君亲师"等古训名言,都说明了古人对"师"的尊重

---

[1] 中共中央文献研究室编:《毛泽东书信选集》,北京:人民出版社,1983年,第166页。

[2] 中共中央文献研究室编:《建国以来毛泽东文稿》(第八册),北京:中央文献出版社,1993年,第637页。

[3] 中共中央文献研究室编:《毛泽东书信选集》,北京:人民出版社,1983年,第167页。

[4] 书单内容包括"精忠岳传2、官场现形4、子不语正续3、三国志4、高中外国史3、高中本国史2、中国经济地理1、大众哲学1、中国历史教程1、兰花梦奇传1、峨眉剑侠传4、小五义6、续小五义6、聊斋志异4、水浒4、薛刚反唐1、儒林外史2、何典1、清史演义2、洪秀全2、侠义江湖6"。

和崇敬程度,而"欺师灭祖"则被视为人神共愤、罪不可恕的最大恶行。毛泽东作为党和国家的领导人仍不忘师恩,为世人树立了光辉的榜样。

周恩来:我没有老师教导不会有今天

在中国共产党老一辈革命家中,周恩来向来尊敬老师,他说过:"提倡教师爱护学生、学生尊敬老师,养成师生间和同学间友爱团结的优良学风。"[1]不但如此,周恩来夫妇还通过言传身教,在家人和亲友中营造起尊敬老师、尊重知识的家风。

周恩来与恩师高亦吾的人生交往很为人称道。周恩来在延安时,有外国记者问他:"周恩来阁下,以您的出身是如何走向无产阶级革命道路的?"周恩来说:"少年时代,在沈阳读书时,得山东高盘之[2]先生的教诲与鼓励,这对我是个很大的促进。可以说没有高盘之先生的栽培就没有我的今天。"[3]周恩来当年的同学陆广吉回忆说:"1936年西安事变时,我是张学良将军的机要秘书。总理到西安后见到我首先问及高盘之老师的行止。并语重心长地说:'我对高老师的印象最深,受其影响最大。至今思念尤甚。'"[4]掷地有声的言辞中,透着周恩来对启蒙老师的敬仰和

---

[1] 维安市关心下一代工作委员会编:《周恩来故事选编》,出版不详,2007年,第18页。

[2] 即高亦吾。

[3] 中国人民政治协商会议山东省章丘县委员会文史资料委员会编:《章丘文史资料》(第二辑),内部发行,1984年,第14页。

[4] 同上书,第13页。

尊重，也彰显出他们之间深如瀚海、高若泰岱的师生情谊。

高亦吾1881年生于章丘绣惠镇西关村，15岁考取济南省立高等学堂。在进步教师萧少瑜的启发和引导下，他与学友赵佑贞、徐云甫、方雨之等组建了"乐群书社"和"玫瑰花诗社"，并投书维新志士章太炎，寻求救国救民的道理。他们在校赋诗、撰文，斗争宗旨为"反清灭洋"。18岁那年，高亦吾率先加入同盟会，带头组织起声势浩大、轰动省城的罢课学潮。出于民族义愤和爱国热忱，他以犀利的笔触写出了震惊校园内外的战斗檄文《伊奴出关》。

高亦吾的文章以及他极富影响力的言行，引起了山东巡抚周玉山的惊恐，他亲笔签署通缉令，定要严惩"肇事者"。闻讯后，高亦吾当即脱掉长衫，剪掉象征"大清"臣民的发辫，在学友的掩护下，连夜只身秘密逃离济南，远赴沈阳。他辗转漂泊半月后，经友人介绍进入奉天东关模范学校，以此作为立身之地。

1910年春，周恩来随同其三堂伯周贻谦来到东北。他刚到东北时，沈阳还没有合适的学校可读。因此，他先到铁岭初级小学学习了半年，再在伯父帮助下，进入奉天东关模范学校高等丁班学习。周恩来后来回忆说："十二岁的那年，我离家去东北。这是我生活和思想转变的关键。没有这一次的离家，我的一生一定也是无所成就，和留在家里的弟兄辈一样，走向悲剧的下场。"[1]

此时东北北部和南部分别是日本和沙俄的势力范围，而仅一水之隔的朝鲜也为日本军国主义吞并。祖国和人民所受的苦难和

---

[1] 中共中央文献研究室第二编研部编著：《周恩来自述》，北京：国际文化出版公司，2009年，第2页。

屈辱，给周恩来带来强烈的思想冲击。他在回顾自己青少年时的历程时曾说："我自己和大家一样受过旧教育，后来因为看到民族危亡、山河破碎而觉悟起来，参加了革命。"[1]

在奉天东关模范学校，高亦吾讲授史地课程，他精益求精、严谨施教，受到广大师生的尊崇和爱戴。在结识了入校新生周恩来后，高亦吾见他精明睿智、气宇轩昂且少怀壮志，认为他将来必成栋梁之才。高亦吾把中国两位著名的革新派人物康有为和梁启超的著作借给周恩来阅读，周恩来读后对梁启超十分敬佩，尤其欣赏其抒情诗般的文风和流畅的语句。周恩来后来称，他所受的"叛逆"教育就是从老师高亦吾那儿开始的。"高带领学生们回顾了1840年鸦片战争以来的每一段历史，讲解各项不平等条约，描述火烧圆明园的情况……他让年轻的学生们读书，并提到一位怪人——孙中山——他想推翻满清王朝，把中国变成一个共和国。"[2]

据英国学者迪克·威尔逊记述，高亦吾给周恩来介绍激进的新杂志，其中充满了激动人心的政治概念和强烈的民族主义词句，周恩来由此开始知道了达尔文、穆勒、卢梭以及由宪法保证的人权概念。[3]高亦吾强烈的民族主义情绪及由此带来的行为模式也成为周恩来效仿的榜样。1911年，当辛亥革命浪潮涌进沈阳时，高亦吾又一次剪掉了他的发辫，周恩来也因此

---

[1]金冲及主编：《周恩来传》（一），北京：中央文献出版社，2011年，第9页。

[2][英]韩素音：《周恩来与他的世纪（1898—1998）》，王弄笙等译，北京：中央文献出版社，1992年，第21页。

[3][英]迪克·威尔逊：《周恩来传》，萨夏、海林等译，北京：中共中央党校出版社，1989年，第11页。

照做。

1913年,周恩来南下天津,进入南开中学就读。动身前,他与高亦吾同宿一夜。高亦吾问:"我想问你一事,孔夫子曰'君子有三乐',你可知晓?"周恩来不假思索地回答:"仰不愧于天,俯不愧于地',此其一乐;'父母俱在,兄弟无故',此其二乐;'得天下英才而育之',此谓之三乐。"[1]高亦吾对周恩来的回答非常满意,周恩来则难舍师恩,紧紧地握住了高亦吾的双手。

周恩来参加革命斗争后,辗转各地,与高亦吾鲜有会面。1941年春节刚过,高亦吾突患脑膜炎,求医无效,弥留之际仍念念不忘周恩来:"我得英才恩来而育之,是我毕生之大乐;临终不见恩来。是我一生之大憾!"[2]

新中国成立后,周恩来和高亦吾家人的情意绵绵不断。1961年春,高亦吾的儿子高肇甫(当时在国务院秘书处档案科工作)携全家拜望周恩来,周恩来和邓颖超在中南海盛情接待。同年,高亦吾女儿高肇申代母给周恩来写信,告知其母想在有生之年面见他。周恩来于十日后回信[3]说:

> 荣萱师母:
> 　十月二十六日和十二月十九日两信均悉,因工作繁忙未

---

[1] 山东省政协文史资料委员会编:《山东文史集粹》(修订本)(下集),北京:中国文史出版社,1998年,第460页。

[2] 张奎明主编:《打开尘封的记忆:细说档案里的故事》,济南:山东人民出版社,2006年,第131页。

[3] 参见王乐溟主编:《开国总理周恩来与山东》,济南:山东人民出版社,2009年,第141页。

及时回信,尚悉见谅。

来信所说您和肇申想春节前后来京,时值假期,车辆拥挤。特别是天气寒冷,您年高体弱,恐难堪旅途劳累,届时我是否在京,尚难料定。让您徒劳往返我甚不安,因此,我意您以勿来为妥。现附上放大的老师照片一张,请留念。专复,问肇甫夫妇、肇申均好。颖超附笔问候。

祝您健康!

周恩来

一九六一年十二月二十九日

1962年冬天,高夫人因患顽疾去世。周恩来闻讯后,给高肇甫夫妇写了回信:"惊悉师母病故……希节哀,注意身体,努力工作。随信寄去100元丧葬补助。"[1]

1976年1月,周恩来不幸病逝后,高肇甫、高肇申兄妹在故宅堂屋里摆设七日祭坛,以此表达对周恩来的悼念和缅怀之情。邓颖超在晚年仍挂念高肇甫及其家人的工作与生活情况。

与周恩来交情至深的老师,还有曾任南开中学校长的张伯苓。1913年,15岁的周恩来因伯父周贻赓的工作变动,离开沈阳奔赴天津,以优异成绩考入天津南开中学,受业于张伯苓门下。张伯苓得知周恩来家境贫寒,为他免去全部学费。[2]当时,私立学校准许免除学生的学杂费,不是一件容易的事情,从中就

---

[1] 李庆刚:《周恩来的启蒙老师——高亦吾》,《党史文汇》1998年第11期。

[2] 薛学共、黄小用编著:《周恩来超群智慧》,北京:红旗出版社,2009年,第311页。

可以看出张伯苓对周恩来的赏识和关照之深。

1917年6月，周恩来从南开中学毕业后，在张伯苓推荐下，经同学、亲友资助前往日本留学。1918年12月，张伯苓赴北美考察教育回国途中，专门去日本东京看望了周恩来，并且和他合影留念。

此后，周恩来虽长期在革命道路上跋涉，但从未忘记这位老校长。1928年12月，他回到阔别八年的天津，主持召开中共顺直省委扩大会议，虽只有短短几天时间，但他仍抽空前往学校，看望了张老先生。1937年10月天津沦陷后，学校被迫南迁至重庆。1938年年底，周恩来到重庆进行国共合作谈判，行装未卸，便赴学校拜访张伯苓，并与之亲切交谈。1939年1月，周恩来应邀到南开中学给师生做形势报告，开头就说："我也是南开中学的学生，张校长是我的校长。"[1]此后每逢张伯苓寿辰，周恩来便偕夫人邓颖超手捧鲜花来到位于沙坪坝的南开中学教职员住宅区，献给老校长，给他祝寿。1944年4月17日是南开中学成立40周年校庆之日，同时也适逢张伯苓七十大寿，周恩来和邓颖超带着一束鲜花，专程前往祝贺。当他们来到张伯苓宅前，看到屋外放着一乘滑竿，一问才知是南开中学校友张厉生也来向张伯苓祝寿。周恩来和张厉生虽分别是国共两党要人，但那时恰好都在国民政府军委政治部工作，两人都任副部长，因此彼此非常熟悉。打了招呼过后，周恩来附在张厉生耳边小声说话，张厉生击掌而乐，还未等众人回过神来，他俩前呼后拥地把寿星张伯苓

---

[1] 中共天津市南开区委党史资料征集委员会编：《南中星火·南开党史资料汇编》（一），天津：中共天津市委党史资料征集委员会，1991年，第212页。

扶上滑竿，抬着他沿校园走了一圈，引得师生引颈观望，笑声掌声响成一片。当时人们赞颂："国共两部长，合作抬校长，师生情谊厚，佳话山城扬。"[1] 1951年2月23日，张伯苓不幸身患中风，经医生抢救无效，于下午6时左右逝世。周恩来得知这一不幸消息后，于第二天上午亲赴天津向恩师做最后的告别，并当即由他领衔组成治丧委员会。他在敬送的花圈上写道："伯苓师千古，学生周恩来敬挽。"[2] 张伯苓去世后，周恩来仍然关心恩师家属的生活。1961年经济困难时期，他将自己的购物票证送给师母，还送去500元钱，并嘱咐天津市政府有关部门对师母多加关照。

周恩来的老师为其基本素质的塑造定型起到了重要作用，长期的耳濡目染使周恩来养成了尊重知识、热爱学习的好习惯，他和邓颖超还将这种习惯传给亲友。1957年4月23日，邓颖超致信侄女周保庄，希望她"好好学习，努力克服阻碍你前进的缺点"[3]。1960年10月27日，邓颖超致信侄子周保章说："为了奖励你的理论学习学得好，现又开始工业经济专修科的函授学习的需要，特从伯伯和我的《毛泽东选集》第四卷中抽一本送给你（二十四日已挂号邮寄出，书收到后，望来信）。在北京此书除原预购者外，也难买到零售本，所以子侄中向我们要的还多，

---

[1] 重庆市沙坪坝区政协文史资料委员会编：《沙坪坝文史资料》（第十六辑），内部发行，2000年，第12页。

[2] 龚克主编：《张伯苓全集》（第十卷），天津：南开大学出版社，2015年，第227页。

[3] 中共中央文献研究室第二编研部编：《邓颖超书信选集》，北京：中央文献出版社，2000年，第166页。

都未能满足他们的要求,只破例寄你一本,作为奖品。"[1]这种对亲友学习文化知识的重视,跃然纸上。

周恩来上述尊师事例,体现的是一位党和国家领导人对老师的尊敬、关心和信任,反映的是他对科学知识和教育文化工作的重视。他的尊师风范,将永远为后世所传颂。

刘少奇:我永远忘不了这位启蒙老师

在中国共产党第一代领导人中,刘少奇为人熟知的尊师故事看似不多,然而,这丝毫不能否定他对老师的尊敬。刘少奇从小就尊重老师,特别喜爱读书,把学习视为生活中不可或缺的组成部分。由于他在大家庭里排行第九,所以左邻右舍都形象地称呼他"刘九书柜"[2]。

刘少奇对老师和文化知识的尊重同他的成长环境是分不开的。他的父亲刘寿生读过几年书,能写会算,思想比起上辈人要开通很多。刘寿生比较重视培养子女学文化受教育,而对盖房、买地、置田产这些事不甚热心。在经济条件并不宽裕的情况下,他坚持让四个儿子都从小上私塾读书。

离刘少奇家乡炭子冲约三里路,有两个毗邻的小山村,一个叫柘木冲,一个叫罗家塘。这两个小山村里都办有私塾,教书的先生都姓朱。刘少奇八岁那年,父亲送他到柘木冲朱赞廷办的私

---

[1] 中共中央文献研究室第二编研部编:《邓颖超书信选集》,北京:中央文献出版社,2000年,第204、205页。
[2] 金冲及主编:《刘少奇传(1898—1969)》(上),北京:中央文献出版社,2008年,第6页。

塾读书,先读《三字经》《千字文》,接着读《论语》,一共读了三年。当时,朱赞廷的私塾里有三十多个学生,刘少奇是同学中博学守规而又年龄较小的。朱赞廷家的房前屋后栽了许多橘子树,刘少奇从未乱摘过一个橘子。一次,朱赞廷特地把三个大橘子奖给刘少奇,但是,刘少奇接过橘子并未一人吃掉,而是剥掉皮分给了在场的同学。他的这一举动,受到朱赞廷赞扬,朱赞廷要求其他学生也要养成守纪律、关心别人、有公德心的好品德。[1]老师的所言所行,对刘少奇影响很深,他后来说:"我永远忘不了这位教我识字,教我做人的启蒙老师。"[2]

在柘木冲私塾,刘少奇上课时用心听讲,下课后也不喜欢同别人追逐打闹。他在这里读了《大学》《中庸》《论语》《孟子》等传统经典。由于读书很专心,不愿别人打扰,学习成绩总是名列第一,因此在同学中很有威信。私塾的教学环境和方法也给他留下了特别深的印象。

1961年5月3日,时任中共中央副主席和国家主席的刘少奇回到湖南宁乡县花明楼公社做农村调查。他在旧居炭子冲屋场,会见了不少当地的农村干部和社员。当刘少奇了解到自己少年时代的启蒙老师朱赞廷的遗孀朱五奶奶还健在时,就和王光美特地去拜访了这位年过古稀的老师母。

刘少奇是在安湖塘食堂见到朱五奶奶的。他热情地向师母问安,询问师母的生活和健康状况,祝她健康长寿,晚年幸福。[3]

---

[1] 吉林日报社编:《文摘旬刊》(第一集),内部印行,第8页。
[2] 冯世平主编:《刘少奇的故事》,北京:红旗出版社,2011年,第8页。
[3] 天津教育出版社编:《寸草春晖》,天津:天津教育出版社,1985年,第5页。

刘少奇还详细询问了朱赞廷老师生前的一些情况，表现出一个无产阶级革命家称师敬老的高尚品德。

刘少奇不仅尊敬老师，他还以身作则，无论是在硝烟弥漫的战争年代，还是在社会主义和平建设时期，始终孜孜不倦地刻苦读书，把学习视为生活中不可或缺的组成部分。在早年求学期间，他一直把学习抓得很紧。据在上海外国语学社和莫斯科东方大学与刘少奇两度同窗的萧劲光回忆，在上海外国语学社学习时，刘少奇学习很刻苦，"几乎没有个人爱好，从不闲聊天"，"看见他的时候，多是在学习俄文，阅读《共产党宣言》，思考着中国革命问题"。在莫斯科东方大学学习时，各方面条件都很困难，中国同学既要上课还要做工，而"每天只有一块像两个手掌合起来那么大的黑面包和几个土豆"充饥，有些同学受不了，想退学，但刘少奇却始终表现得很坚定，"学习得很好"[1]。

投身到革命洪流中后，无论革命形势多么危急、工作多么繁忙，他一刻也不放松读书学习。1939年年底，正值抗日战争处于非常艰难的时期，时任中共中央中原局书记的刘少奇，来到了新四军江北指挥部。某天深夜1点多钟，新四军支队司令张爱萍去看望刘少奇，他进屋后，发现刘少奇正对着闪闪跳动的烛光专心致志地读书。他顺眼望去，看到"书页上画了好些红的蓝的圈圈点点和批写的字"[2]。1942年，刘少奇奉调从苏北回延安工作，在

---

[1] 金冲及主编：《刘少奇传（1898—1969）》（上），北京：中央文献出版社，2008年，第31、32页。

[2] 豫皖苏鲁边区党史资料征集编研办公室编：《党史资料汇编》（第一辑），内部发行，1982年，第94页。

将近一年的时间里，他跋涉万里，越过日伪重重封锁线，途中还参加了滨海、沙区、太岳区三次大的反"扫荡"战斗。就是在这样极其危险的环境下，刘少奇把中国历史和中国哲学史比较系统地学了一遍。

新中国成立后，刘少奇担负着党和国家的领导工作，繁重的工作使得他实在抽不出整块的时间学习，但是他仍然抓住点滴的时间读书。1951年秋，因长期紧张的工作，刘少奇累倒了，毛泽东要他到杭州休假一个月。但是，他并没有安心休息，而是利用这段时间系统地学习了范文澜的《中国通史简编》。[1]

刘少奇的卫士长李太和回忆说，刘少奇担任国家主席之后，国事活动非常繁忙，正常情况下一天要工作十七八个小时，遇上开会或其他特殊任务，每天只能睡两三个小时，有时还要连轴转。他的时间观念是分秒必争，但他的工作也很有规律。每天起床后，先让秘书报告有什么急件和活动安排，然后浏览当天的报纸；早饭后如果没有别的活动，就开始批阅文件或写东西，一直到第二天清晨两点钟左右才离开办公室。回到寝室他也不马上睡觉，常常是盘腿坐在床上看当天的国内外参考资料，有时一看就是两三个小时，不说别的，就是盘腿坐在床上看资料这一点，大家都十分钦佩。[2] 有些年轻警卫说："少奇同志那么大年纪，还能盘腿坐几个小时，我们这么年轻也比不了啊！"[3]

---

[1] 刘宝东：《"学习！学习！再学习！"——刘少奇的学习精神和读书方法》，《党建》2010年第6期。

[2] 刘明钢：《勤于学习的刘少奇》，《党史博采（纪实）》2008年第5期。

[3] 中国青年出版社编：《红旗飘飘》（20集），北京：中国青年出版社，1980年，第173页。

刘少奇还不遗余力地倡导孩子和身边人勤于学习。翻阅20世纪五六十年代刘少奇的生平卷宗，可以发现，这一时期刘少奇与子女书信往来频繁。在这些书信中，刘少奇针对子女的思想以及工作、生活、学习中遇到的问题，通过耐心细致地举事例、摆事实、讲道理，与之交流与探讨，使子女得到教育和启迪。正是这些不经意间写就的家书，从一个侧面反映出刘少奇对子女学习教育的高度重视和殷切期望。

新中国成立以后，让青年彻底涤清旧社会遗留下来的旧信仰、旧思想，树立新的世界观，使他们的思想清朗起来，成为教育界面临的一个迫切问题。刘少奇十分重视对子女世界观的塑造，要求子女坚持唯物史观，树立无产阶级的世界观。他的次子刘允若在留学苏联期间，一度因存在个人主义思想，与同学关系不太融洽。1960年3月6日，刘少奇在王光美写给刘允若的信中，将他的问题加注为"主要是由于世界观问题没有解决"，建议他通过回国参加"整风"学习，来解决思想上的问题，这样"心情就可能会舒畅一些"[1]。在刘少奇的帮助和教育下，刘允若摆脱了个人主义思想，顺利完成学业，成长为国家建设的合格人才。

对于专业学习，他充分尊重子女的自觉自愿。对于子女的发展，他特别关注各自的兴趣和能力倾向，力求循循善诱，因势利导。他反复告诫他们，要做一个对社会主义有用的人，得有各方面扎实系统的基础知识、过硬可靠的专业功底以及具有广

---

[1] 魏芬.《小家书中的大道理——从家书看刘少奇教育子女的几个观点》,《党的文献》2013年第5期。

泛适应性的专业技能。他常说，没有足够丰富的文化和扎实的理论，就不能有大的发展；而既有了实际的经验，又有了文化和理论，就可以担负更多的工作，解决更多的问题。另外，虽有文化和理论，却不骄傲，思想好，作风又正派，这样就能到处受欢迎。

刘少奇在对子女学好知识、锻炼本领的教育中，坚持了他所主张的"两种教育制度""两种劳动制度"以及列宁关于"综合技术教育"的基本观点，认为一个人光有理论不行，光有一方面的操作技能也不行，或者光有好的品德同样不够，必须有三者的完美统一，才算是一个完全有用的人。"不管你将来干什么，我劝你学一门专业""学一门专业知识，对于你将来无论干什么工作都有好处""不只是需要一门专业知识，而且要有各方面的知识"[1]，这就是刘少奇对子女的人才教育。

刘少奇也督促身边人重视学习，热爱读书。1958年11月，毛泽东曾给县级以上各级党委写了一封《关于读书的建议》的信。后来，他又一再号召读书，要求大家读苏联的《政治经济学教科书》(第三版)。刘少奇早就想对照1958年以来经济建设中发生的问题钻一钻这本书，可是平时杂事不断，这时正在海南养病的他终于有了机会，可以安安静静地坐下来学习。

休息了两天后，刘少奇把随行人员召集起来说："我们要充分利用这个难得的休息机会，好好学习学习政治经济学，我们大

---

[1] 中共中央文献研究室编：《老一代革命家家书选》，北京：中央文献出版社、生活·读书·新知三联书店，1990年，第141、142页。

家都参加，共同组成一个学习小组。"[1]为了帮助辅导，他还通过中共中央办公厅从北京请来薛暮桥、王学文两位经济学家做老师。一位国家元首和秘书、警卫员、护士围坐在一起组成一个特别的学习班学习讨论，这大概是古今中外没有的事。

在第一次学习会上，刘少奇谈了要求："今天，我们就要开始学习了，我先谈几点建议：第一，学习讨论会采取座谈方式，大家要踊跃发言，有话就说，各抒己见，畅所欲言。也可以开展辩论。……第二，在我们学习会上，不分上下级，大家都是学员，不要怕说错话。……第三，我们既要学习理论，又要联系实际。……第四，苏联的这本政治经济学教科书是他们根据自己经验总结的，不是普遍真理。我们只能结合自己的实际来学习。有些内容比较难懂，有不懂或不理解的地方随时可以向两位老师（指王学文、薛暮桥）请教。第五，我们在这里讲的话，不要到处讲。如果要讲，只能当作个人的意见讲，错了自己负责。因为我们是研究问题，不是作出的决议，更不是下的定论……"[2]

有人说，在党的老一辈革命家中，刘少奇是一个性格色彩最为平淡的人。在笔者看来，这种说法并不准确。刘少奇也有鲜明的个性，其最突出的特点就是尊重知识、酷爱学习。在数十年不平凡的革命生涯中，他从不懈怠，始终充分利用一切可以利用的时间阅读思考，掌握马克思主义的精髓，终成为知识相当渊博的领导人。

---

[1] 刘振德：《我为刘少奇当秘书》（增订本），王春明整理，北京：中央文献出版社，2003年，第124页。
[2] 同上书，第124、125页。

朱德：如兹美风仪，天下知重师

老一辈革命家朱德一生做出的巨大贡献和取得的丰功伟绩，与他早年的求学经历有很大的关系。朱德念念不忘自己从一个家境贫寒的佃农孩子，经过长期艰苦的努力才学有所成的经历，因此，他始终铭记着求学路上遇到的众多恩师。朱德上学的第一天，祖父就告诉他"一日为师，终身为父"的古训。朱德虽然后来接受了新思想，但无论是在青年求学时期，还是在成为党和国家的领导人之后，都始终恪守中华民族尊师重教的优良传统，时刻不忘老师的培育之功。

朱德的私塾先生席聘三，虽居乡里，但知识渊博，为人正直，是朱德的思想启蒙者。朱德曾深情地怀念这位老师，说他"是一个很懂得人情世故、很有情趣、有骨气的人"，虽然"不是什么秀才，却真是好老师"[1]。朱德读书时非常敬重先生，总是提前到塾馆里帮先生挑水、烧饭、清扫院子。先生生病的时候，他就去请大夫、买药、熬药，守在床前，情同父子。

张澜曾是朱德早年就读过的顺庆府中学堂总监。朱德与张澜相处虽然只有一年时间，但师生情谊深厚，张澜的民主革命思想对朱德影响很大。当张澜知道朱德家境贫寒后，对他勉励有加。在张澜的熏陶下，朱德阅读了邹容的《革命军》等书，第一次接触到"革命"二字。后来，在张澜的鼓励下，朱德又进入四川省

---

[1] 刘学民：《"如兹美风仪，天下知重师"——朱德尊师重教的几件往事》，《党的文献》2010年第4期。

高等学堂学习。抗日战争时期，张澜积极参加抗日民主运动，创立中国民主同盟，震动全国。朱德虽远在延安，还特地托人带信给张澜先生，称赞他为民主而奋斗的精神。信中，朱德称张澜为"吾师"，署名为"学生朱德"，明确表示"您的事业我们支持"[1]。同时，他还送上延安大生产运动中生产的绿色大方格毛毯一条，以表尊敬之情。张澜收到后极为感动，他以有朱德这样的学生为荣。1949年5月26日，张澜应中共中央和毛泽东的邀请，从上海到北京参加第一届政协会议。到京后，朱德马上就去看望老师。见到老师后，朱德向老师敬了个标准的军礼。分别二三十年的师生一见面，极亲热，朱德拉着老师的一只手，用南充话亲切地拉起家常。张澜也很高兴，童心大发，不时开玩笑逗乐，他们就在这样欢快的氛围中照了第一张师生合影。张澜常说："一生中难得有朱德这样的学生啊！他已是国家的领导人了，还这样对待我，不易啊！"[2]

张澜去世后，朱德仍然关心他的后代。1973年，朱德把张澜的长子张乔啬、女儿张淑延、长孙张正华接到家里，耐心询问他们有什么困难。回来后，张乔啬写信将谈话内容转告给在外地的子女。不久，邓小平复出。此后，张乔啬恢复了工作，补发了工资。当时在外地当铁路工人的二儿子张达华，也调到了对口单位。[3]

朱德在云南陆军讲武堂求学期间，与该校教官、著名爱国将领蔡锷交往密切。蔡锷的司令部就设在讲武堂内，朱德勤学好

---

[1] 林淇：《张澜传》，上海：上海文艺出版社，1993年，第237页。
[2] 中央文献研究室《党的文献》编辑部、中央文献研究室《文献与研究》编辑部编：《史林智慧琐谈（续三）》，北京：中央文献出版社，2011年，第209页。
[3] 张广华：《张澜与学生们的师生情》，《人民政协报》2015年9月11日。

问，经常在课余时间去向蔡锷求教。蔡锷的办公室堆满了书籍和报纸，据朱德回忆，他在这里面找到了一本书，其中有一段讲到乔治·华盛顿，他反复看了好几遍。他还读了孟德斯鸠的《法意》（即《论法的精神》），这是较早译成中文的外文书籍之一；看到了康有为、梁启超等人写的有关近代意大利、俄国、日本政治改革的书。在蔡锷的办公室内，朱德通过阅读这些新式书籍，为自己打开了一片新的天地，其中那些振聋发聩的新观点对他的思想产生了激烈而深远的影响。[1]

朱德从讲武堂毕业后，进入云南新军蔡锷麾下，跟随蔡锷参加了云南辛亥"重九起义"和护国战争。对此，1942年10月10日，朱德在《解放日报》上发表《辛亥回忆》一文，深情追述了蔡锷的功绩："云南革命运动，当时是由蔡松坡、李根源、罗佩金三位共同领导的，尤其使人永远不能忘怀的是当时的蔡锷将军，……他十分沉着，从来不公开与讲武堂来往，却暗中和同盟会会员们保持密切联系，什么人都不怀疑他。他利用他的地位给予革命运动以很好的掩护。他是辛亥前后云南革命运动和起义的掌舵人。"[2]朱德还表示："蔡锷是南方最进步的共和派青年领袖之一，他给我很大的影响。"[3]"他是现代军事科学早期最优秀的专家。"[4]

---

[1] 王为衡：《蔡锷与朱德的师友情》，《湘潮（上半月）》2011年第10期。
[2] 蔡端编：《蔡锷集》，北京：文史资料出版社，1982年，第233页。
[3] [美]埃德加·斯诺：《西行漫记》，董乐山译，北京：东方出版社，2005年，第360页。
[4] [美]尼姆·威尔斯：《续西行漫记》，陶宜、徐复译，北京：解放军文艺出版社，2002年，第110页。

1916年11月8日，蔡锷病逝于日本福冈医院，享年34岁。临终前，蔡锷很有感触地说："不死于对外作战，不死于疆场马革裹尸，而死于病室，不能为国家做更大的贡献，自觉死有余憾。"[1]蔡锷的死讯传回国内，上下同哀，朱德为此深受打击，备感凄凉。蔡锷不仅是他所信赖的长官，更是他的良师益友。朱德崇敬蔡锷，不仅因为蔡锷身上有他所欣赏的气质——思想敏锐，知识渊博，见解精辟，意志坚韧，更是因为他们有共同的革命志向和精神追求。在过去的日子里，蔡锷仿佛就是朱德的北极星，而现在巨星陨落，朱德陷入深深的悲痛之中。朱德为蔡锷题写了挽联[2]：

勋业震寰区，痛者番向沧海招魂，满地魑魅迹踪，收拾河山谁与问？

精灵随日月，倘此去查幽冥宋案，全民心情盼释，分清功罪太难言。

在这幅挽联中，朱德深情寄托了对蔡锷的哀思，表露出对蔡锷的敬仰和怀念之情。直到后来，朱德在撰写自传时，还为蔡锷的早逝感到惋惜，"可惜中国一个民族英雄仅三十五岁就死了"[3]。

云南陆军讲武堂是当时中国最进步、最新式的军事学堂之一，该校实权都掌握在李鸿祥、李根源、李烈钧、罗佩金等早年在日

---

[1] 谢本书：《蔡锷传》，天津：天津人民出版社，1983年，第150页。
[2] 邹洋、肖遥编：《朱德》，成都：四川人民出版社，1992年，第190页。
[3] 中共中央文献研究室第二编研部编著：《朱德自述》，北京：国际文化出版公司，2009年，第51页。

本留学时就加入同盟会的革命党人手中。他们都曾经是朱德的老师，不仅向他传授文化知识，还教诲他如何做人，向他传播民主革命思想。

1909年11月，朱德怀着习武救国的宏大志向，几经周折考入云南陆军讲武堂就读。当时，李鸿祥在讲武堂主讲步兵教程，朱德刻苦认真，操课之余常向李鸿祥请教，两人逐渐成了忘年之交。1922年6月，朱德出国留学前夕，曾专程去南京向李鸿祥辞行。李鸿祥取出2000元广东毫洋，送给朱德作为旅费，朱德也回赠一尊乌铜马留作纪念。[1]1949年12月，云南和平起义后，朱德委托陈赓和宋任穷专程上门拜访李鸿祥，并请他出任云南军政委员会委员。1957年2月，朱德到阔别35年的昆明视察工作。他特地设宴招待包括李鸿祥等在内的当年曾在讲武堂的教官、同学以及参加过辛亥革命和护国起义的战友。朱德在宴席上说："今天在这里能见到阔别三十多年的老师、同学、同事，是我一生最愉快的一天。我永远没有忘记培育过我的老师，我永远不会忘记云南是我的第二故乡，是有革命传统的好地方。"[2]话虽不多，但情真意切。朱德不忘师恩、不忘友情，令在座的人十分感动。

李根源是一位有作为的激进民主主义者，日本士官学校毕业。朱德在讲武堂学习期间，受到他多番关照。当有外国人来参观讲武堂时，李根源就指令朱德和朱培德出来指挥，因此他两人

---

[1] 刘学民：《"如兹美风仪，天下知重师"——朱德尊师重教的几件往事》，《党的文献》2010年第4期。
[2] 中央文献研究室《党的文献》编辑部、中央文献研究室《文献与研究》编辑部编：《史林智慧琐谈（续三）》，北京：中央文献出版社，2011年，第212页。

被称为"模范二朱"[1]。朱德后来在延安回忆这段生活时说:"我一心一意地投入了讲武堂的工作和生活,从来没有这样干过。"[2] 1951年,在重庆参加西南军政委员会全体会议的李根源突然身体不适,朱德闻讯后,立即电告西南局送李根源进京治疗。李根源到京后住在远东饭店,朱德亲自登门看望,并在颐和园宴请老师,畅叙别后之情,还派秘书护送老师到北京医院做全面检查。时年72岁的李根源深受感动,特写诗赞誉朱德的尊师美德[3]:

华屋作舍馆,病院送良医。
如兹美风仪,天下知重师。

1964年春节,国务院宴请70岁以上的在京人大代表和政协委员。作为政协委员的李根源因年迈行动不便坐着轮椅赴会,时任全国人大常委会委员长的朱德专门走过来看望李根源。面对恩师李根源,朱德仍如初时一般,谦恭有礼。

朱德不仅自己尊师,还教育子女也要做到尊师重道。1943年10月28日,朱德在致女儿朱敏的信中说:"你在战争中,应当一面服务,一面读书,脑力同体力都要同时并练为好。……望你好好学习,将来回来作些建国事业为是。"[4] 朱德有个外孙

---

[1] 李慧:《从讲武堂学员到红军总司令的朱德》,《云南师范大学学报(哲学社会科学版)》1994年第4期。

[2] [美]艾格妮丝·史沫特莱:《伟大的道路——朱德的生平和时代》,梅念译,胡其安、李新校注,北京:东方出版社,2005年,第103页。

[3] 沈家明主编:《李根源纪念文集》,昆明:云南美术出版社,2005年,第381页。

[4] 吴殿尧主编:《朱德年谱(新编本)》(中册),北京:中央文献出版社,2006年,第1146页。

因为贪玩和粗心，一次数学考试只得了59分，老师要他留下来谈话，他却悄悄溜走了。老师给朱德写了封信，介绍孩子的学习情况，并检讨自己没有尽到教师的职责，有负革命前辈。朱德看到信后，严厉地批评了小外孙，教育他说："一定要尊重老师，不尊重老师的学生是不可能学好的。"[1]"文化大革命"期间，朱德看到学生造反、学校停课，心情十分沉重："怎能把老师不当亲人当仇人，不当恩人当敌人！哪里还有点师道尊严？"[2]他对红卫兵揪斗老师、践踏民族美德的行为极为痛心。

参加过南昌起义的萧克曾说："朱德的高尚品德，正是中华民族优良道德传统的具体体现。他是在传统道德的基础上接受了马克思主义，成为人们所称颂和学习的榜样。朱德之德，令人敬仰。"[3]朱德之德，就包含他传扬了尊师重教的中华传统美德，无论过去、现在和将来都堪称表率，值得人们思考、学习并发扬光大。

陈云：师大毕业还是教书好

老一辈革命家陈云在马克思主义哲学、经济学和党建领域都有极深造诣，堪称大家。他一生学而不厌、诲人不倦，不尚空谈、求真务实，堪称我们党重视学习、勤于学习、善于学习的典范。

---

[1] 中央文献研究室《党的文献》编辑部、中央文献研究室《文献与研究》编辑部编：《史林智慧琐谈（续三）》，北京：中央文献出版社，2011年，第212页。
[2] 同上。
[3]《回忆朱德》编辑组编：《回忆朱德》，北京：中央文献出版社，1992年，第56页。

在中国共产党第一代领导集体中，有良好家风的并不少，但像陈云这样重视教书育人，并组织家属集体学习的实不多见。

1977年，全国恢复高等院校招生考试制度，陈云听到消息后很高兴，嘱咐妻子于若木迅速通知女儿陈伟华。陈伟华听后，与父母一样喜出望外。她从小就梦想有朝一日能在干净、明亮的教室中听满腹经纶的教授、学者讲课，在摆满书架的图书馆看书、查资料。能够上大学，对陈伟华来说是再美好不过的事情了。

为准备高考，陈伟华边复习自己手中已有的课本，边从同学、朋友那里借来课本和资料。她白天工作，晚上的时间则全部用来备考。时值隆冬，屋里很冷，到处透着风。陈伟华坐着看书，感觉冷了，就起来边走边看，或者喝口开水暖暖身子，实在太冷时，她就钻进被窝里看。艰苦的努力加上原来较好的学习基础，陈伟华终于如愿以偿——考上了北京师范大学历史系。当手捧那份印着自己名字的录取通知书时，她激动得从头到尾、逐字逐句、反反复复地看了好几遍，生怕漏掉了什么似的。随后，陈伟华在第一时间将喜讯告诉了自己的父亲。[1]得知女儿考上了心仪的大学，陈云开心地笑了。

1982年，陈伟华大学毕业。当时，中央和国家机关十分缺乏接受过高等教育的人才，因此组织上将陈伟华分配到了国家人事部，后来又被中共中央整党工作指导委员会抽调到广电部搞整党工作。当陈伟华将这些情况告诉父亲时，陈云表示，要服从组织的决定："国家有国家的需要，还要服从国家分配，接触社会面

---

[1] 于俊道主编：《陈云实录》，北京：中国工人出版社，2012年，第145页。

宽一些，也是有好处的。"[1]

在广电部工作的时候，陈伟华听说学校非常缺教师，师范学校招生困难，教师的社会地位也比较低。陈云从女儿那里了解到这个情况后，专门向有关部门提出，要提高中小学教师的待遇，切实解决他们的住房等实际困难，"使教师成为最受人尊重最令人羡慕的职业之一"[2]。为了给社会起带头作用，他有意让女儿"归队"，到学校当一名教员。他对陈伟华说："你是师大毕业的，还是教书好。"[3]

从国家机关干部到中学教师，这毕竟是人生角色的一大转换。考虑再三，陈伟华终于在1985年回到了自己的母校——北师大实验中学——成为一名历史教师。陈云知道女儿又当上中学教师后，非常高兴，专门把她叫到身边，详细询问了回到学校后的各种情况，鼓励她好好工作，当一名好教师。

"当教师这么多年，我觉得自己挺适合这个职业的，也找到了乐趣。""学生给我寄的贺卡我都留着呢，已经一大堆了。"[4]陈伟华几乎记得每一个教过的学生，她和学生相处很融洽，有几个经常和她联系的，已经成了朋友。从学生身上，她看到了自身价值的实现。由于专业的原因，这位脚踏实地的耕耘者平时喜欢读一些历史书籍和人物传记，也喜欢毛主席诗词，其中很多她都

---

[1] 赵天元：《在陈云身边的十年——记一位伟人的晚年生活》，北京：中央文献出版社，2005年，第58页。

[2] 金冲及、陈群主编：《陈云传》（四），北京：中央文献出版社，2015年，第1783页。

[3] 余玮、吴志菲：《陈伟华：父亲陈云是我成长路上的良师》，《党史纵览》2008年第1期。

[4] 同上。

会背。

陈云逝世后,陈伟华曾多次到上海青浦、商务印书馆上海印刷股份有限公司、新华书店虹口分店等陈云早年生活与工作过的地方,缅怀父亲革命的一生、伟大的一生。陈伟华还多次带自己的孩子去参观陈云纪念馆,让自己的后代接受革命传统教育。

陈伟华热爱学习、重视教育的品格,与陈云酷爱学习的家风密不可分。据陈云幼年时的伙伴回忆,性格好静的陈云年少时总是在看书、写字,自制力很强,伙伴们叫他玩耍,他也只出来玩十多分钟,而且多数是站在一边看,然后赶紧回去写作业、读课文。[1] 陈云在商务印书馆当学徒时,也利用馆内图书丰富的有利条件,博览群书,这为他后来具备广博的知识储备和深厚的理论素养奠定了基础。延安时期,陈云担任中央组织部部长时,书架上的书大都是马列主义原著、毛泽东同志的著作和一些理论参考书籍,堆得满满的。[2] 据宋平回忆,当时中央机关成立了若干学习小组,陈云在中组部带一个组,共有6个人,还有几位旁听的"后排议员"。学习小组成员在规定时间里,用心读书,结合实际,开展讨论。陈云带的那个组,从1938年起,学习活动坚持了5年。[3]

新中国成立初期,陈云在领导商业部工作时,提出部长、副部长要领导学习,把下边的学习风气带起来。"要把学习作为指

---

[1] 金冲及、陈群主编:《陈云传》(一),北京:中央文献出版社,2015年,第8页。
[2] 刘家栋:《陈云在延安》,北京:中央文献出版社,1995年,第181页。
[3] 唐矾、高阳主编:《陈云生平研究资料》,北京:中央文献出版社,2013年,第80页。

导工作的不可缺少的一部分,作为我们的一项重要任务。"[1]"文化大革命"期间,针对大儿子陈元肯挤时间学习的态度,陈云感到欣慰。他在给陈伟华的信中写道:"要像你哥哥一样,每天挤时间学。"[2]陈伟华回忆道:"哥哥陈元在父亲的指导下,从初中开始看《参考消息》,阅读《马克思传》,高中和大学阶段自学哲学,通读《资本论》,并作了大量的读书笔记。在学习马列主义理论方面,他是我们兄妹几人中的佼佼者。"[3]

1970年12月8日,陈伟华给父亲写了一封信,诉说了自己的学习愿望。陈云接到信后,当即回信建议女儿:"定[订]一份参考消息。""每天看报。""找一本中国近代史看看。""找一本世界革命史看看。"陈云说:"马克思、恩格斯、列宁的著作很多,但我看来,只要十本到十五本就可以了。"[4]

1973年8月7日,陈云再次致信陈伟华,告知已邀请她的母亲和陈新华、陈伟兰等人一起学习,重点学哲学。"先学毛主席的《实践论》,分两次学读这篇哲学著作。这个星期日先学上半部,即选集二五九页到二六七页第六行为止。""如你想学,先看一遍《实践论》的全篇,再重读二五九页到二六七页。必须细读,凡属有一点疑问都记下,到集中学习时提出讨论。"[5]

陈云同样很关心身边工作人员的学习情况,他说:"我们好

---

[1] 金冲及、陈群主编:《陈云传》(三),北京:中央文献出版社,2015年,第1065页。
[2] 同上书,第1398页。
[3] 陈伟华:《记父亲给我的两封信》,《党的文献》1999年第3期。
[4] 中共中央文献研究室编:《陈云文集》(第三卷),北京:中央文献出版社,2005年,第408页。
[5] 同上书,第410页。

多同志总以为只要一天到晚不停地工作，就算尽了我们对党的全部责任，这种想法是很不全面的。一天到晚工作而不读书，不把工作和学习联系起来，工作的意义就不完整，工作也不能得到不断改进。因为学习是做好工作的一个条件，而且是一个必不可少的条件。"[1]

陈云有一年在上海休养时，身边调来了一位新的工作人员。见面后，陈云笑着对他说："欢迎你，首先欢迎你加入到我们的大家庭。家里工作人员很多，你很年轻，要管理好工作人员，做他们的表率。要带领大家多学习，特别要学好哲学，讲辩证法。这不仅对工作和生活有益，而且可以终身受用。"[2]事后，工作人员买了一些哲学书籍和笔记本，制订了学习计划，采取自学与集中讨论相结合的学习方式，边学习边作笔记，边读书边进行讨论。经过认真学习，大家不同程度地提高了用辩证唯物主义观点分析问题和解决问题的能力，初步掌握了马克思主义的认识论和方法论。[3]

陈云去世后，陈伟力、陈元等在纪念陈云的文章中写道："妈妈告诉我们，父亲读起书来，如饥似渴，有时甚至到了拼命的地步。"[4]尽管全国人民视陈云为"开国元勋"之一，但是陈云在自己的子女心底永远是位慈父、严师，永远是那么朴实、可亲、可爱，

---

[1] 中共中央文献研究室、中央档案馆编：《建党以来重要文献选编（1921—1949）》（第十六册），北京：中央文献出版社，2011年，第807页。

[2] 中共沈阳市委党史研究室编著：《执政伟略　丰碑永存——陈云与沈阳》，沈阳：沈阳出版社，2005年，第305页。

[3] 蒋永清：《陈云的家风美德》，《湘潮》2017年第9期。

[4] 陈伟力、陈元、陈伟华、陈伟兰、陈方：《永远像您那样学习和生活》，《人民日报》1997年4月22日。

同样也是那样的真挚与崇高。

"为学莫重于尊师。"人们常说,教师是太阳底下最崇高的职业,"一个人遇到好老师是人生的幸运,一个学校拥有好老师是学校的光荣,一个民族源源不断涌现出一批又一批好老师则是民族的希望"[1]。国家繁荣、民族振兴、教育发展,需要我们大力培养一支师德高尚、业务精湛、结构合理、充满活力的高素质的专业化教师队伍,需要涌现一大批好老师,需要尊重知识、重视学习的社会氛围。我们应当弘扬中华民族尊师重教、崇智尚学的优良传统,学习老一辈革命家尊师重教的家风,建设一支宏大的师德高尚、业务精湛、结构合理、充满活力的高素质的专业化教师队伍,培育一个尊重知识、尊重人才、热爱学习的文明社会,唯其如此,中华民族伟大复兴就有了源头活水。

---

[1] 习近平:《做党和人民满意的好老师:同北京师范大学师生代表座谈时的讲话》,北京:人民出版社,2014年,第4页。

四　不要把我挂在你们嘴边唬人

中国共产党老一辈革命家无论在革命战争年代还是在和平建设时期，虽位高权重，却为人正直、不徇私情。他们严格要求亲友和身边人，坚决不让他们搞特殊、形成优越感，充分彰显了中国共产党人的党性本色和高风亮节。《关于新形势下党内政治生活的若干准则》明确指出："各级领导干部特别是高级干部要坚持立党为公、执政为民，坚持公私分明、先公后私、克己奉公，带头保持谦虚、谨慎、不骄、不躁的作风，保持艰苦奋斗的作风。"[1]念及此，我们更加怀念毛泽东、刘少奇、周恩来、朱德、陈云等党的第一代领导人。

毛泽东：不要使政府为难

毛泽东不仅为中国革命和建设事业做出了巨大贡献，在家风家教方面也堪称一代典范。许多时候，他对子女、对亲属的家风教育都是通过家书来实现的。在这一封封家书中，毛泽东总是循循善诱，与他们谈道德修为、谈为人处世、谈立志励志。

---

[1]《〈关于新形势下党内政治生活的若干准则〉〈中国共产党党内监督条例〉辅导读本》，北京：人民出版社，2016年，第49页。

毛泽东对子女品格修为的要求非常高。他教育子女要以一个普通人的身份看待自己，用一个普通人的眼光对待他人。1946年1月，毛岸英从苏联回到延安。分别19年的父亲让他做的第一件事就是脱下洋装，换上布衣，到陕北贫瘠的乡村当农民，拜农民为师。一开始，毛岸英是和毛泽东住在一起的。但不久后，毛泽东就让毛岸英搬到中央机关去住。他还问毛岸英："你吃什么灶？"毛岸英如实地回答吃的是中灶。毛泽东听后，生气地责问毛岸英："你有什么资格吃中灶？你应该跟战士一起吃大灶。"[1] 毛泽东如此"苛刻"，就是要让毛岸英"接地气"，让他明白自己就是一个普通人，不能搞特殊。

李讷是毛泽东最小的女儿，毛泽东对她疼爱有加，但也一再告诫她不要自以为是、不要搞特殊。1947年3月，毛泽东带领中央机关离开延安。在陕西葭县神泉堡，他吩咐保育员韩桂馨带七岁的李讷去机关大食堂吃饭，卫士李银桥认为孩子还小，应该让她留在家长身边，毛泽东却坚决不让。于是，每到开饭时，李讷也跟战士们一样，自己拿着小碗，打一碗粗饭、一份煮菜，蹲在地上和大家一起吃。[2] 对此，女儿李敏也回忆说："在爸爸身边时，我们都被爸爸赶到大食堂吃饭了。"[3]

上大学后，李讷一直过着工农子弟般的生活：住学校、吃食堂，每周六下课才回家。有一次，李讷离校晚，卫士李银桥担心她一个女孩子走夜路不安全，便瞒着毛泽东派车去接李讷。毛泽

---

[1] 夏佑新主编：《韶山毛泽东研究》，湘潭：湘潭大学出版社，2011年，第97页。
[2] 丁晓平：《家世·家书·家风：毛泽东的亲情故事》，北京：中央文献出版社，2006年，第228页。
[3] 李敏：《回忆父亲毛泽东》，《文化艺术报》2011年9月30日。

东得知此事后，狠狠地批评了李银桥："别人的孩子能自己回家，我的孩子为什么不行？不许用车接，说过了就要照办，让她自己骑自行车回来。"[1]当时，李讷在报社工作，骑一辆"飞鸽"牌自行车上下班或外出，从来未见有车接送她。[2]

因为特殊的家庭背景，李讷上大学时，身上多少保留着高高在上的傲气。后来，当李讷学习了《庄子·秋水篇》之后，她认识到自己有自高自大的毛病，应该从根本上改变对己对人的态度，要彻底和同学打成一片。于是，她写信向毛泽东汇报了这一思想动态。毛泽东看后，深为女儿的进步感到高兴。1963年1月4日，他给李讷回信[3]予以鼓励，信中说：

> 你痛苦、忧伤，是极好事，从此你就有希望了。痛苦、忧伤，表示你认真想事，争上游、鼓干劲，一定可以转到翘尾巴、自以为是、孤僻、看不起人的反面去，主动权就到了你的手里了。没人管你了，靠你自己管自己，这就好了……读了秋水篇，好，你不会再做河伯了，为你祝贺！

毛泽东希望女儿少说空话，多做实事，要求女儿不能因为自己的身份而搞特殊化，必须谦虚谨慎。他还一针见血地指出女儿的毛病，辩证地进行分析，而且开出了治病的药方。这让李讷的

---

[1] 中央文献研究室《缅怀毛泽东》编辑组编：《缅怀毛泽东》(上)，北京：中央文献出版社，1993年，第457页。

[2] 路来谦：《参加李讷婚礼记事》，《领导文萃》2008年第4期。

[3] 中共中央文献研究室编：《建国以来毛泽东文稿》(第十册)，北京：中央文献出版社，1996年，第239页。

精神面貌焕然一新，无论在政治思想还是在作风品格方面，都有了明显的进步。

1945年秋天，毛泽民的女儿毛远志和她的丈夫曹全夫接受组织分配，即将从延安前往东北地区工作。临行前，他们去毛泽东那里辞行。毛泽东嘱咐他们说："今后你们无论到了任何地方，都不要打家庭的旗号。要靠自己，靠组织，靠群众。"[1]

1957年8月4日，在给儿媳刘思齐回信谈到转学问题时，毛泽东写道："转学事是好的，自己作主，向组织申请，得允即可。如不得允，仍去苏联，改学文科，时间长一点也不要紧。不论怎样，都要自己作主，不要用家长的名义去申请，注意为盼。"[2]

为了不使孩子有特殊感，在孩子入学登记表的"家长"一栏里，毛泽东从不填写自己的名字。毛泽东委托李银桥做孩子的监护人，在"家长"一栏里填写李银桥的名字。每次李敏、李讷和毛远新从学校带回老师与家长的联系册要求签名时，都是由李银桥代为签名，然后再把有关内容向毛泽东汇报。[3]

毛泽东对亲友和身边人也不徇私情。新中国成立后，毛泽东当选为国家主席。一个人一旦有了权势，找他办事、请他帮忙的人就多了起来，自古以来都是如此，毛泽东显然也避免不了这样的情况。新中国成立初期，毛泽东的表兄文运昌就给毛泽东写

---

[1] 参见毛远志之子曹宏2014年10月19日在延安市延安大学"纪念毛主席《为人民服务》讲话发表70周年"大会上的发言。

[2] 中共中央文献研究室编：《老一代革命家家书选》，北京：中央文献出版社、生活·读书·新知三联书店，1990年，第53页。

[3] 丁晓平：《家世·家书·家风：毛泽东的亲情故事》，北京：中央文献出版社，2006年，第228页。

信，请求他帮助解决 15 个人的工作问题。文运昌只比毛泽东大九岁，曾给青年毛泽东很大帮助。文运昌在信中说，"以上 14 名（实为 15 名——引者注）均是高小生，体格强壮，可为技工学徒，内商山一名可入育才学校，葭知和爱兰二女子'最优'等，可深造。均请田秘书设法培植一下并候指示祗遵。"[1]收到表兄请求帮助的信后，毛泽东回复说："许多人介绍工作，不能办，人们要说话的。"[2]这等于是委婉地拒绝了文运昌的请求。当然，毛泽东当上国家主席后，请他帮忙、找他办事的人并不少。据《致韶山亲友书信集》记载，该书一共收录书信 95 封，新中国成立后的有 88 封，其中 19 封信的主要内容就是回答家乡亲友提出要帮助解决工作的问题，可见毛泽东当时面临的人情关系多么复杂。但是，面对这些请求，他除了从自己的工资中拨款予以救助外，基本都委婉拒绝了。

当时，有人请他帮一位名叫李淑一的女士解决工作问题，毛泽东回复说："李淑一女士、长沙柳直荀同志（烈士）的未亡人，教书为业，年长课繁，难乎为继。有人求我将她荐到北京文史馆为馆员，文史馆资格颇严，我荐了几人，没有录取，未便再荐。拟以我的稿费若干为助，解决这个问题。"[3]毛岸英的舅父杨开智还给毛岸英写过一封信，请求毛家给他在长沙安排一个厅长的

---

[1] 中国人民大学家书文化研究中心编著：《廉政家书》，北京：中国方正出版社，2015 年，第 45、46 页。
[2] 莫志斌：《毛泽东与邓小平——伟人的交流与评说》，北京：人民出版社，2014 年，第 156 页。
[3] 中共中央文献研究室编：《毛泽东书信选集》，北京：中央文献出版社，2003 年，第 438 页。

职位。毛岸英收到信后，代替毛泽东给自己的表舅向三立写了回信："我非常替他惭愧，新的时代，这种一步登高的'做官'思想已是极端落后了……新中国之所以不同于旧中国，共产党之所以不同于国民党，毛泽东之所以不同于蒋介石，毛泽东的子女妻舅之所以不同于蒋介石的子女妻舅，除了其他更基本的原因以外，正在于此：皇亲贵戚仗势发财，少数人统治多数人的时代已经一去不复返了。靠自己的劳动和才能吃饭的时代已经来临了。""（我）没有'权力'，没有'本钱'，更没有'志向'，来做这些扶助亲戚高升的事。至于父亲，他是这种做法最坚决的反对者，因为这种做法是与共产主义思想、毛泽东思想水火不相容的，是与人民大众的利益水火不相容的，是极不公平、极不合理的。"[1]

在此之前，杨开智就写过信给毛泽东，要求到北京工作。但毛泽东在回信中严词拒绝，他说："希望你在湘听候中共湖南省委分配合乎你能力的工作，不要有任何奢望，不要来京。湖南省委派你什么工作就做什么工作，一切按正常规矩办理，不要使政府为难。"[2] 同时，毛泽东还给当时的长沙市军管会副主任王首道写信表示："杨开智等不要来京，在湘按其能力分配适当工作，任何无理要求不应允许。"[3] 多次请求不成后，杨开智也领悟了毛泽东"一切按正常规矩办理"的教诲，根据自己的专长，安心留在了湖南的农业部门工作，直到退休。

---

[1] 张谷等编注：《现代家书选》，南宁：广西人民出版社，1986 年，第 223、224 页。

[2] 中共中央文献研究室编：《毛泽东书信选集》，北京：人民出版社，1983 年，第 343 页。

[3] 同上书，第 342 页。

类似的例子还有不少。新中国成立初期，毛泽东外祖父老家的一些姓文的亲戚，纷纷到北京看望毛泽东。可有些人回到老家后，自以为和主席攀上了关系，便在乡亲面前以特殊身份自居，不服从管理。毛泽东得知此事后，非常重视，专门给当地政府写了一封信：

> 我的亲戚唐家圫文家，过去几年常有人来北京看我。回去之后，有些人骄傲起来，不大服政府管，这是不对的。文家任何人，都要同乡里众人一样，服从党与政府的领导，勤耕守法，不应特殊。请你们不要因为文家是我的亲戚，觉得不好放手管理。我的态度是：第一、因为他们是劳动人民，又是我的亲戚，我是爱他们的。第二、因为我爱他们，我就希望他们进步，勤耕守法，参加互助合作组织，完全和众人一样，不能有任何特殊。如有落后行为，应受批评，不应因为他们是我的亲戚就不批评他们的缺点错误。[1]

1950年4月19日，毛泽东在写给杨开慧的舅父向明卿的信中，告知其侄光荣殉难，写道："惟抚恤一事，须统一行之，不能只顾少数，如省委未能即办，先生亦宜予以体谅。"[2] 5月7日他在写给表兄文涧泉的信中，对其同宗要求帮助介绍工作之事，写道："文凯先生宜在湖南就近解决工作问题，不宜远游，

---

[1] 中共中央文献研究室编：《毛泽东文集》（第六卷），北京：人民出版社，1999年，第322页。

[2] 逢先知、冯蕙主编：《毛泽东年谱（1949—1976）》（第一卷），北京：中央文献出版社，2013年，第120页。

弟亦未便直接为他作介，尚乞谅之。"[1] 5月16日，他在写给毛泽覃夫人之侄周起鹍的信中说："先生仍以在现地工作为好，虽不适意，犹胜于失业者，尚希安心从事，然后徐图改进。"[2] 5月27日，他在写给湖南湘乡县县长刘亚南的信中说："至于文家（我的舅家）生活困难要求救济一节，只能从减租和土改中照一般农民那样去解决，不能给以特殊救济，以免引起一般人民不满。"[3]

毛泽东在为青少年时期的同学、同事的来信作复中也体现了这种照章办事的作风。1949年11月15日，他在写给毛煦生的信中说："先生仍以在乡间做事为适宜，不要来京。家计困难，在将来土地制度改革过程中可能获得解决。"[4] 1950年3月14日，在写给张挥周的信中，他说："北游之议甚伟，唯宜暂缓，目前仍就原地工作，不必远游。令孙亦宜就现地按政府规程入学。"[5] 4月18日，他在写给毛森品的信中说："吾兄出任工作极为赞成，其步骤似宜就群众利益方面有所赞助表现，为人所重，自然而然参加进去，不宜由弟推荐，反而有累清德，不知以为然否？"[6] 4月19日，他在写给罗驭雄的信中说："来京一节，似可从缓，工作或学习均以就近从事为宜，未审尊意以为然

---

[1] 逄先知、冯蕙主编：《毛泽东年谱（1949—1976）》（第一卷），北京：中央文献出版社，2013年，第128页。

[2] 同上书，第141页。

[3] 同上书，第148页。

[4] 中共中央文献研究室编：《毛泽东书信选集》，北京：人民出版社，1983年，第351页。

[5] 逄先知、冯蕙主编：《毛泽东年谱（1949—1976）》（第一卷），北京：中央文献出版社，2013年，第105页。

[6] 同上书，第118—119页。

否？"[1]5月10日，他在写给易克樵的信中说："工作岗位已觅定否？总以就近解决为宜。"[2]5月12日，他在给叶建农的信中写道："工作问题，如能在重庆获得解决，以在重庆为好。如要来京，则请直向最高人民法院沈钧儒院长通信询问有无适宜工作，或先入短期学习机关加以学习然后参加工作。"[3]

毛泽东对家乡干部和烈士家属的来信也做了类似答复。1950年5月8日，他在给毛逸民的信中写道："烈属的照顾是全国范围内的事，全国有几百万户烈属，都要照顾，自未便单独地特殊地照顾少数地方。"[4]同日，他在写给龙亦飞的信中说："抚恤及帮助令郎等工作或学习事须与全国同类情形者同样办理，未便某处独异，请向当地党政陈明情形听候处理。"[5]

毛泽东还对一些故旧请求介绍加入中国共产党之事写了回信。1949年10月25日，曾在毛泽东参与主办的自修大学附设补习学校学习过的张鼎，在给毛泽东的信中，寄来他的"履历关系片断"，请求办理入党手续。毛泽东在回信中写道："入党事要在当地经过一定规章办理。"[6]1949年8月，毛泽东在湖南省立第一师范学校的老相识周容请求毛泽东介绍他加入中国共产党，毛泽东于1950年5月16日回信说："组织问题，未便率尔绍介，应

---

[1] 逄先知、冯蕙主编：《毛泽东年谱（1949—1976）》（第一卷），北京：中央文献出版社，2013年，第121页。
[2] 同上书，2013年，第133页。
[3] 同上书，2013年，第136—137页。
[4] 同上书，2013年，第130页。
[5] 同上书，2013年，第131页。
[6] 同上书，2013年，第128页。

就当地有所表现,向当地组织请求,听候解决。"[1]

清廉不是亲情之殇。正是因为对亲友和身边人深深的爱,毛泽东才没有眷顾纯粹的亲情。毛泽东的亲情,是一种严守公与私界线的大爱。他把对亲友深沉的爱化作严格的要求,用实际行动告诉他们:秉公守法、遵规守纪是讲亲情义务的基本原则。

刘少奇:主席的亲戚也不能搞特殊

新中国成立后,尤其是20世纪五六十年代,刘少奇与亲友书信往来频繁。在这些书信中,刘少奇针对亲友在思想、工作、生活、学习等方面遇到的问题,耐心细致地跟他们摆事实、讲道理,使他们得到教育和启迪。正是这些看似平凡的家书,从一个侧面反映出刘少奇在家庭教育方面的优良风范和高超艺术。其中不少观点和做法,值得我们细细学习和体会。

刘维孔是刘少奇的侄孙女,全国刚解放,她就从湖南乡下转学到北京,一直在刘少奇身边读书。1957年秋,刘维孔高考落榜。当时,一心想上大学的刘维孔,打起了找刘少奇"想办法"的主意。可她考虑到刘少奇一向遵规守矩,绝不以手中权力谋私利,因而始终没有开口。刘少奇也深知侄孙女的心思,将她叫到身边亲切地说:"你是革命后代,应该到最困难的地方去锻炼。你回家参加农业生产好不好?农村同样是可以大有作为的。"[2]于是,

---

[1] 逄先知、冯蕙主编:《毛泽东年谱(1949—1976)》(第一卷),北京:中央文献出版社,2013年,第141页。

[2] 胡昌方:《清正廉明好家风》,《光明日报》2014年8月23日。

刘维孔回到了湖南省宁乡县花明楼公社,当了一名普普通通的公社社员。其实,刘少奇只要给有关部门"打声招呼",或者让身边的工作人员出面,侄孙女上大学的事就会得以解决,可他并没有这样做。他深知,作为党和国家领导人应该带头遵规守矩,廉洁自律,绝不能存有丝毫的特权思想。

刘爱琴是刘少奇长女。1951年春天,在中国人民大学学习的刘爱琴预备党员期满,准备转正。无论是她自己还是周围的一些同学,都认为她会顺利按期转正。但是,当党支部就她转正问题征求刘少奇的意见时,刘少奇却认为,女儿对中国的事情还不大懂,因此向党支部的同志明确表示要"严格要求"。支部大会经过热烈而认真的讨论,按照党章规定的标准反复衡量,对刘爱琴进行了批评和帮助,最后通过决议,取消了她的预备党员资格。学校党委批准了支部的决定,并通报校内各基层支部。[1]这件事,体现了党内的正常民主生活,表现了共产党人大公无私、心地纯洁的优良作风。通过这件事,刘爱琴的思想有了巨大震动,她认真检查了自己思想上的毛病,积极改正自己的行为,在学习、生活等方面都有了较大进步。

刘少奇对自己的孩子从不娇惯,而是让他们在社会上得到历练,经历大风大浪的洗礼,努力在实践中锻炼成才。刘允若是刘少奇的二儿子,1954年被派往苏联莫斯科航空学院学习。留学期间,刘允若因和同学相处不大融洽,向留学生党组织提出要转系甚至调换学校的要求。党组织原想通过做思想工作使他改变想法,但他仍固执己见,还连续给刘少奇写了几封信,希望得到父

---

[1] 李颖、王刚:《刘少奇同志的家风》,《学习时报》2017年2月3日。

亲的帮助和支持。

针对儿子暴露出来的思想问题,刘少奇没有迁就。他即刻写了几封回信,对儿子进行批评教育:"根据你的来信,你要调换学校的理由是错误的。你说:'既不是因为功课重,又不是不喜欢学航空,而是和这一帮人处不下去。'这不能成为要求调换学校的理由。你同这个学校的同学搞不好,到另一个学校难道就能搞得好吗?"[1]"你一贯的错误,就是你在劳动人民面前,在同志们面前,不肯'俯首甘为孺子牛'。现在根据你的来信看,你这个毛病不仅未改,而且有了发展。现在你应该向你的组织声明承认错误,请求同志们批评,虚心地接受大家的意见,使相互之间的关系正常起来。"[2]同时,刘少奇还对儿子提出殷切希望:"希望你能接受我的意见,真正改正错误,与同学们关系搞好,长期坚持地学下去,经常注意克服个人主义的思想,培养自己成为国家的一个有用的人。希望你这样做,而且必须这样做,不要辜负祖国和我们对你的期望!"[3]刘少奇通过耐心教导,教育儿子正确对待兴趣爱好、正确对待批评和正确处理人际关系的事例,直至今天仍具有现实意义。

有人曾问刘少奇的女儿刘亭亭:"作为国家主席的子女应该很有优越感吧?"刘亭亭回答:"没有。在学校里面,同学们都不知道我们的爸爸、妈妈是做什么的,我们所有的档案父母一栏都填的是化名。爸爸、妈妈不许我们讲,我们也就不敢讲。""有

---

[1] 中共中央文献研究室编:《建国以来刘少奇文稿》(第七册),北京:中央文献出版社,2008年,第189页。
[2] 同上书,第191页。
[3] 同上书,第193页。

一次,在音乐课上,刘源没带课本,音乐老师就给我妈妈打了一个电话,说:'你把课本送来。'妈妈二话没说,赶紧骑车从中南海赶过来送课本。妈妈就是这么一个随和的人。只要她不忙,她就会去给我们开家长会,特别配合学校和班里的工作。""三年自然灾害的时候,国家粮食紧张,城市人口的定量都很低,副食品更缺乏,全国人民都在挨饿。我们也都住在学校里,吃不饱饭,我在学校里晕倒了两次,我同学的妈妈就给我妈妈打了一个电话,说你心太狠了,你女儿在学校里已经晕倒过两次了,你还不接回家去。妈妈正准备要接我回家时,爸爸说:'现在,整个人民都在受苦,我希望他们从小知道要跟人民同甘苦,将来长大了,为人民做事的时候,他就不会让人民再受苦。'于是,我们就继续住在学校里。"[1]

新中国成立后的经济困难时期,为了锻炼孩子的独立生活能力,刘少奇曾把三个孩子送到学校寄宿。那时,全国粮食紧张、食品短缺,学校的伙食比较差,细粮少,粗粮多,还要搭配吃些白薯,有时还吃不饱。看到孩子的脸色越来越不好,大家都很心疼。有人提醒王光美要为孩子的身体着想,应该接他们回家住,但是刘少奇和王光美都没有同意。

刘少奇的三儿子刘允真,1963年中考落榜,情绪低落,无精打采,于是有人想用刘少奇的名义去学校打招呼。刘少奇知道后,专门召开了家庭会议,他生气地说:"我的孩子不论是上学还是工作,都不让填写父母的真实姓名,为的就是怕人家不好管

---

[1] 刘明钢:《中共党史上的那些人与事》,北京:中央编译出版社,2014年,第205—206页。

理，搞特殊化。现在考不上学校，想打我的旗号，好像高干子女上了初中就一定要上高中，上了高中就一定上大学，而不管考得上考不上。参加工作就一定要当干部，而不管有没有那个能力，这是什么道理？为什么高干子弟就不能当工人，当农民，当解放军战士？我再次声明，我的子女绝不能搞特殊！"[1]

后来，刘允真考进了位于北京郊区的一所半工半读的农业学校。上学前，刘允真向父亲告别。刘少奇温和地说："我支持你学点技术，但一定要刻苦努力，否则一事无成。到时候就谁也帮不上你了！"[2]在北京农校读书期间，刘允真朴素低调，没有任何"特殊"的地方，如果不说，谁都不会相信他是国家主席的儿子。

1965年夏天，王光美正在河北省新城县高城蹲点。一天，刘少奇写了一封信，让女儿刘平平给王光美送去。为了锻炼女儿的独立生活能力，刘少奇对身边的工作人员说："你们不要给她买车票，不要送她上车站，也不要通知光美同志或县委去车站接她，让她自己买票，自己上车。"[3]听刘少奇这么一交代，大家知道刘少奇是有意让孩子出去闯一闯，见见世面。可是，当时刘平平还是个孩子，从来没出过远门，头一次出远门就让她一个人完成，大家心里都有些不放心。对于这些顾虑，刘少奇说："小孩子不能什么事情都靠大人，要让她自己闯闯，才能得到锻炼。总

---

[1] 武汉延安精神研究院编：《延安精神研究》（第三辑），武汉：武汉出版社，2009年，第124页。

[2] 刘振德：《我为刘少奇当秘书》（增订本），王春明整理，北京：中央文献出版社，2003年，第277页。

[3] 中国青年出版社编：《红旗飘飘》（20集），北京：中国青年出版社，1980年，第164页。

靠大人帮助,她倒是舒服省心,可是得不到锻炼,将来还是不会做事情。"[1]当刘平平把那封信顺利交到王光美手中时,自豪感一下涌上了她的心头。从此,刘平平做事更加自信了。

刘少奇当选为国家主席后,有些亲戚跑到北京来找他办点事:有的不想当农民想当工人,有的不安心待在农村要进城市,有的想要点东西,等等。对于这些请求,刘少奇都坚决不给办理。土改过程中,刘少奇的七姐刘少怡被定为地主,她表示不服,还辱骂土改工作队是"小子会""棍子队",并拒绝减租退押。1950年3月,她写信给刘少奇,希望就此事得到刘少奇的帮助。5月2日,刘少奇在回信中对她进行了严正批评教育。刘少奇说:"你家过去主要是靠收租吃饭的,是别人养活你们的,所以你应该感谢那些送租给你们、养活你们的作田人。人家说你们剥削了别人,那是对的,你们过去是剥削了别人。""二五减租及三七五限租,是人民政府的法令要办的,你们必须老老实实照办。"刘少奇还强调:"你们不要来我这里,因我不能养活你们。我当了中央人民政府的副主席,你们在乡下种田吃饭,那就是我的光荣。如果我当了副主席,你们还在乡下收租吃饭,或者不劳而获,那才是我的耻辱。你们过去收租吃饭,已经给了我这个作你老弟的中央人民政府副主席以耻辱,也给了你的子女和亲戚以耻辱。你现在自己提水作饭给别人吃,那就是给了我们以光荣。你以前那些错误的老观点,应完全改正过来。"[2]

---

[1]东义、阿勇编著:《伟人的家风》,成都:四川人民出版社,1992年,第74页。
[2]中共中央文献研究室编:《建国以来刘少奇文稿》(第二册),北京:中央文献出版社,2005年,第124—125页。

为了纠正亲人欲借他的权力谋私利的错误思想，刘少奇认为有必要做些思想工作，纠正他们的错误观点。1959年国庆节期间，刘少奇专门召开了一次家庭会议，参加人员除了他的家人外，还有几位亲戚。

刘少奇环视了一下会议室里在座的各位，说："今天，请你们来开个会。这个会议室是我曾经主持政治局同志开会的地方，可见我是很认真地对待这个会议的。"[1]他稍许停顿，接着说："现在解放了，在农村也好，当工人也好，生活都比过去好多了。当然，马上消灭城乡差别现在还做不到。你们想请我这个国家主席帮忙，以改变自己目前的状况，甚至改变自己的前途。说实话，我要是硬着头皮给你们办这些事，也不是办不成。可是不行啊！我是国家主席不假，但我首先是个共产党员，共产党员应该全心全意为人民服务，不是为个人小家庭服务。我手中有点权也是真的，但这权是党和人民给的，我只能用于维护党和人民的利益。"随后，刘少奇语重心长地强调："不要以为你是国家主席的亲戚就可以搞特殊，靠沾我的光，提高不了你的觉悟。""正因为你是国家主席的亲戚，更应该严格要求自己，更应该艰苦朴素、谦虚谨慎，更应该有富贵不能淫、贫贱不能移、威武不能屈的志气。"他诚恳地要求："希望大家监督我，不要帮助我犯错误。"[2]刘少奇在家庭会议上的谈话，使在场的所有人都深受教育，大家表示赞成刘少奇的意见。自那以后，亲戚再没有找

---

[1] 孟素：《革命前辈开家庭会严正家风纪事》，《党史文苑》2012年第7期。
[2] 中共中央文献研究室刘少奇研究组编著：《刘少奇（1898—1969）》，成都：四川人民出版社，2009年，第147页。

刘少奇开后门。

如何管理和教育自己的家庭成员，可以从一个侧面体现领导干部的精神境界和思想水准。通过这一个个真切质朴的故事，我们感受到刘少奇作为一个父亲对子女的浓浓情意和殷殷期望，以及他作为一名党的高级领导干部的坚强党性和崇高风范。早在1948年，朱德就曾写诗称赞刘少奇："修养称楷模，党员作范仪。"[1] 1980年，中共中央为刘少奇平反之际，王光美在总结刘少奇一生时，深有感触地说："有一点是明确的，那就是少奇同志写的《论共产党员的修养》这本书，不是欺人之谈。他自己是身体力行，努力照这本书中所说的去做。"[2] 大量事实说明，刘少奇要求别人的，往往自己首先做到，这是值得共产党员特别是党的各级领导干部永远学习的。

周恩来：过"五关"与"十条家规"

周恩来一生清正廉洁，两袖清风。他不仅严格要求自己，而且还绝对不允许亲属、身边人和党员干部有丝毫特殊待遇。他在《反对官僚主义》的报告中曾说："我们国家的干部是人民的公仆，应该和群众同甘苦，共命运。如果图享受，怕艰苦，甚至走后门，

---

[1] 吴殿尧主编：《朱德年谱（新编本）》（中册），北京：中央文献出版社，2006年，第1318页。
[2] 黄峥编著：《刘少奇最后岁月：一个国家主席的最后二年》，北京：九州出版社，2012年，第5—6页。

特殊化，那是会引起群众公愤的。"[1]在他身上，处处闪耀着党的优良家风的灿烂光辉。

众所周知，周恩来从小离开他的老家江苏淮安后，就一直没有回去过。对于他为什么没有回去，华裔英籍学者韩素音做出了这样的解释："周恩来没有回淮安，因为他明白，他如果回去，他的各门亲戚马上会得到地方官员青睐和特殊照顾……这是难以避免的。""尽管他在那里的童年生活并不愉快，但是他并不怨恨那里的房屋，也不讨厌淮安。他只是不想让他家获得任何特权。"[2]为了不让亲友受到特殊照顾，他宁愿不回家，周恩来对自己要求之严格可见一斑。

为了做到这一点，周恩来制定了过"五关"、尊"十条家规"的要求。"五关"指的是思想关、政治关、社会关、亲属关和生活关；"十条家规"[3]则包括以下内容：

（1）晚辈不准丢下工作专程看望他，只能在出差顺路时看看。

（2）来者一律住国务院招待所。

（3）一律到食堂排队买饭菜，有工作的自己买饭菜票，没工作的由总理代付伙食费。

（4）看戏以家属身份买票入场，不得用招待券。

---

[1] 中共中央文献研究室编：《建国以来重要文献选编》（第十六册），北京：中央文献出版社，1997年，第375页。

[2] [英]韩素音著：《周恩来与他的世纪（1898—1998）》，王弄笙等译，北京：中央文献出版社，1992年，第18—19页。

[3] 吕章申主编：《周恩来》，上海：上海教育出版社，2014年，第103页。

（5）不许请客送礼。

（6）不许动用公家的汽车。

（7）凡生活上个人能做的事，不要让别人代办。

（8）生活要艰苦朴素。

（9）在任何场合都不要说出与总理的关系，不要炫耀自己。

（10）不谋私利，不搞特殊化。

周恩来不但制定了这些家规，他还认真地在现实生活中加以落实。周尔均是周恩来的堂侄、国防大学政治部原主任。1953年，他在部队被批准入党。兴奋之余，他立即把这个消息写信报告给周恩来和邓颖超。很快，邓颖超代表周恩来写了回信，在祝贺的同时，提出三个必须："今后你必须加强党性锻炼，克服非无产阶级的思想，不断地为着党员的八条标准而努力，不要辜负了光荣的共产党员的称号，争取如期转为正式党员；你必须注意密切地联系群众，关心群众，向群众学习，才能更好地为人民服务；你自知应不骄不馁，但必须从思想上、行动上不断地实践为要。"[1]周尔均深有体会地说，伯伯对我们的要求"看似无情胜有情"，"他对我们晚辈的严是一种真正的爱，发自内心的爱"[2]。

细读周恩来的"十条家规"，我们可以看出两点核心内容。

一是绝不允许家人享受任何特权，就连特权思想都不可以

---

[1] 中共中央文献研究室第二编研部编：《邓颖超书信选集》，北京：中央文献出版社，2000年，第120页。

[2] 廖心文：《周恩来同志的家风》，《学习时报》2017年1月30日。

有。周恩来的侄女周秉德参加工作不久，组织上就把她从基层农村小学调到区委机关工作。周恩来知道后立即找周秉德谈话，问她："是不是因为人家知道我的身份而照顾你进城的？"周秉德回答说："不是。是区委搞运动需要党员，小学里的党员很少，所以把我抽调上来。"周恩来听后，说："是这样，那就没有办法了，我也不能干涉你们基层组织的工作呀！但你还是要多在基层工作锻炼为好。"[1]周秉德知道伯伯叮嘱她的含义，一直严格按照伯伯的要求去做，做一个普通劳动者。

20世纪60年代，为减少北京市的人口，国务院曾出台一个政策：夫妻双方如一方在北京，另一方在外地，在北京工作的就要调往外地。当时，周秉德在朝阳区委工作，她丈夫沈仁骅在西安的部队工作。领导找周秉德谈话做动员，没想到周秉德此时已经计划等休完产假就调往西安。周秉德到西安后，在那里工作了五年，后来又随丈夫去贵州山沟里工作了四年。周恩来对侄女的做法很满意，他正是希望后辈不搞特殊，到最基层、最艰苦、最边远的地方做一个普通劳动者。

周秉建与周秉和是周恩来的嫡亲侄女和侄儿，周恩来对他们姊妹六人一直视同己出。他对他们在生活上关怀备至、思想上时常启迪，并在品格的培养以及作风的锤炼等方面都倾注了大量的心血。1968年和1969年，周秉建与周秉和先后赴内蒙古和延安插队。1970年冬，周秉建申请参军，获得了批准。那时，所有插队知青所处的环境都是极艰苦的，如果有机会参军，那是一个难得的"出路"——至少可以吃饱穿暖，生活可以得到极大改善。

---

[1]廖心文：《周恩来同志的家风》，《学习时报》2017年1月30日。

她高兴地打电话告诉了周恩来和邓颖超。1971年元旦，周秉建穿着草绿色的新军装，高高兴兴地来到北京看望伯父、伯母。但是见面以后，周恩来却对她说："你能不能脱下军装，回到内蒙古草原上去？你不是说内蒙古草原是个广阔天地吗？你参军虽然符合手续，但是内蒙古这么多人里挑上你，还不是看在我们的面子上！我们不能搞这个特殊。"[1]

原来，周恩来在接到侄女的电话后，就派人到部队了解她是怎么被批准参军的，考察此事是否通过正常手续，部队是否由于考虑到她是周恩来的亲属才同意她参军。

周秉建接受了伯父的批评。在返回前，周恩来风趣地问她："想通了吗？同志！"周恩来接着说："你回到草原，对你的歧视会小，对你的照顾会大，要警惕！"[2]

周秉建回到部队，向领导报告了周恩来的要求，但领导还是把她留了下来。他们认为周恩来工作忙，也许拖几个月就把这事忘了。但没有想到，周恩来办事一丝不苟，他知道以后，很生气，严厉地说："你们再不把她退回去，我就下命令了。"[3]结果，周秉建只好脱下心爱的军装，又回到草原当了牧民。参与处理这件事的周恩来的秘书赵炜后来回忆说："当时，我还觉得周总理对自己的亲戚太严格了。过了一段日子，我才体会到他这样做的

---

[1] 顾洪章主编：《中国知识青年上山下乡始末》，北京：中国检察出版社，1997年，第109页。

[2] 吴珏、周维强编著：《周恩来的人际世界》，北京：中国青年出版社，1998年，第138页。

[3] 程约汉：《知青视角：不应否定中国知青历史岁月》，北京：中国文联出版社，2008年，第14页。

良苦用心。"那阵子，一些干部，包括周恩来身边的一些工作人员也在想方设法让子女离开农村去当兵，这对稳定知识青年队伍，对整个国家的大局都是不利的。赵炜说："周总理是在以自己的方式告诫大家。"[1]

后来，内蒙古自治区党委任命周秉建担任共青团内蒙古自治区委宣传部长，在周恩来的要求下，自治区党委又撤销了任命。周秉建在草原刻苦锻炼，在蒙古包里生活、劳动了近八年，才于1975年被牧民推荐到内蒙古大学蒙语系学习。这一次，她得到了周恩来的支持，周恩来以肯定的语气说："你学好蒙语，就能更好地为内蒙古人民服务了！"[2]

无独有偶，周秉和也遇到了同样的情况。有一年，部队到他们所在的地区征兵，周秉和参加了应征。结果，周秉和作为延安枣园村唯一体检合格的青年被录取了，来到新疆军区一个艰苦的高山哨所服役。周秉和高高兴兴地写信告诉了周恩来和邓颖超。但是，让他始料不及的是，周恩来夫妇却动员他脱下军装，回到农村去继续"接受贫下中农再教育"。邓颖超在致周秉和的信中说："我和你伯伯都看了你的信。你想当兵，当然很好。但是，农村更是一个广阔的天地，在那里同样可以大有作为。我和你伯伯都认为你还是应该回到延安去，和老区人民一起，坚持在艰苦的农村劳动锻炼，改造自己。"[3]后来，周恩来让身边的工作人员

---

[1] 赵炜：《西花厅岁月：我在周恩来邓颖超身边三十七年》，泠风执笔，北京：社会科学文献出版社，2009年，第90页。

[2] 江涛、陈慧：《周恩来的〈十条家规〉》，《文史天地》2015年第5期。

[3] 中共中央文献研究室第二编研部编：《邓颖超书信选集》，北京：中央文献出版社，2000年，第234页。

与陕西省及兰州军区联系，安排周秉和回到了原来插队的地方。周秉和在延安农村生活、劳动了四年多，因表现突出才被推荐为清华大学的"工农兵学员"。周恩来还是要求他学好本事后再回延安为人民服务，并告诉周秉和自己已经跟有关领导说了，欢迎周秉和毕业后回延安搞建设。[1]

周尔辉是周恩来嫡亲八叔周焕臣的孙子。1952年，周尔辉来到北京二十六中读书。为防止侄儿从小养成特殊化、产生优越感，周恩来夫妇一再叮嘱他，无论是领导谈话、填表格还是和同学交往，都不要说出与伯伯的这层关系。周恩来交代说："你要是说出和我的关系，人家知道你是周恩来的侄儿，就会处处照顾你，迁就你，你就会逐渐产生优越感。这样，你的进步就会慢了。"[2]后来，周尔辉从北京钢铁学院毕业，被分配留校工作，组织上也同意把他在家乡淮安工作的爱人调到北京工作，以解决他们夫妻分居两地的问题。周恩来知道后对他说，现在精简城市人口，为什么都要女方往男方这里调呢？你应该带个头，申请到你爱人那儿去工作。周尔辉听了周恩来的话，主动提出申请，经过组织同意，从北京钢铁学院调到淮安当了一名普通中学教师。[3]

1956年秋，周恩来的一个本家叔叔从绍兴老家来北京找周恩来，希望周恩来能帮助他解决工作问题。周恩来将在北京的周家亲属20多人叫到西花厅，召开了一个家庭会议。周恩来说："我

---

[1] 江涛、陈慧：《周恩来的〈十条家规〉》，《文史天地》2015年第5期。
[2] 张开明主编：《江淮情深：周恩来和江苏》，北京：中央文献出版社，2013年，第44页。
[3] 邓在军主编.《你是这样的人——回忆周恩来口述实录》，北京：人民出版社，2013年，第304页。

们共产党是唯物主义者,我们要承认家族之间的关系。……我承认你是我的叔叔;我是你的侄子。但是,我们不能像国民党那样搞裙带风。"[1]"现在我是国家的总理,人民的总理,但不是周家的总理。大家经济有困难,要找工作,应该找当地的政府。"[2]同时,周恩来又特别表扬了自己的一个本家弟弟周毓澧,只因他解放后失业,没有去找周恩来帮忙,而是提个篮子走街串巷卖小百货。周恩来对此评价道:"这很好嘛,这叫自食其力嘛!"[3]

二是凡事都要以国家和人民的利益为重,不要先考虑自己。这方面的例子很多。以周恩来的侄子周秉钧为例,他曾因参军问题受到周恩来的关注。

1961年夏,周秉钧高中毕业准备考大学,同时还参加了空军到学校选拔飞行员的体检和考核。事后,周秉钧向伯伯汇报了自己的情况。在谈话中,周恩来问了一句话:"那大学就不考了吧?"周秉钧说:"考还是要考一下。"周恩来又问:"既然决心参军,为什么还要参加高考呢?"他对周秉钧说:"现在国家遇到自然灾害,农村劳动力不足,政府研究决定,今年只在城市征兵,不到农村征兵,复员兵也全部返回农业生产第一线。这样不但加强了农业生产劳动力,也减轻了农村对城市商品粮的负担。"[4]在周恩来的鼓励下,周秉钧根据国家需要参了军,被空军录取为飞行员,驾驶战斗机近20年。周秉钧后来才知道,在当

---

[1] 李海文主编:《周恩来家世》,北京:党建读物出版社,1998年,第124页。
[2] 同上书,第134页。
[3] 同上书,第124页。
[4] 周秉德等:《亲情西花厅:我们心中的伯父伯母》,北京:红旗出版社,2008年,第285页。

年召开的恢复生产发展的会议上,周恩来提出希望干部带头送子女参军,以保证农村劳动力。他说:"不要以为我没有儿子才这样说,我有侄子,我还可以动员两个。"[1]被周恩来动员参军的另一个城市青年是他长征时的警卫员龙飞虎的儿子。

对周恩来严格的家风,妻子邓颖超体会很深,她曾经不无感慨地说:"当总理的夫人其实很难。"[2]新中国成立初期,许多人对周恩来说,根据邓颖超的资历和她对革命的贡献,应该在政府里担任一个部长职务。周恩来坚决不同意,表示:"只要我当一天总理,邓颖超就不能到政府里任职。"[3]不但如此,周恩来还多次在任职、调级等问题上不徇私情。对周恩来这种在旁人看来多少有些不近人情的做法,邓颖超毫无怨言。她说:"恩来这样做,我很理解。"[4]

在周家的众多家规中,周恩来特别强调的一条是:"不能因为我是总理,就自认为有什么特殊,造成不好影响。我们周家过去是个封建大家庭,你们下一代,更要自觉改造思想,严格要求自己。不要学八旗子弟。"[5]家风建设是党的建设的组成部分。周恩来建立的严格家风和具体家规,不仅在当时对各级领导干部起

---

[1]周秉德等:《亲情西花厅:我们心中的伯父伯母》,北京:红旗出版社,2008年,第296页。

[2]赵炜:《西花厅岁月:我在周恩来邓颖超身边三十七年》,泠风执笔,北京:社会科学文献出版社,2009年,第321页。

[3]南京周恩来研究会编:《周恩来研究文集》,南京:江苏古籍出版社,1999年,第41页。

[4]赵炜:《西花厅岁月:我在周恩来邓颖超身边三十七年》,泠风执笔,北京:社会科学文献山版社,2009年,第321—322页。

[5]参见2016年1月8日纪念周恩来逝世40周年,周尔均接受访问时的谈话。

到了重要的示范作用,对今天仍有重要的启发意义。

朱德:干部子女要克服"优越感"

家庭建设的重要内容就是养成良好的家教、培育良好的家风。朱德在继承优良传统的基础上,特别注重培育良好的家风,要求家人和党员干部克服"优越感",不搞特殊化。他的所言所行,为党员干部在家庭建设方面树立了光辉的典范。

为培育良好的家风,朱德以身作则,严于律己、不搞特殊。革命战争年代,朱德在江西瑞金时,曾被编在中央军委机要科党小组过组织生活。他怕党小组组长顾虑他是首长,把他当成"特殊党员",便与党小组组长"约法三章":一是党小组过组织生活必须通知他,二是党小组给每个党员分配任务时必须有他,三是党小组组长必须定期听他汇报思想情况。[1]抗战时期,朱德所在的党小组利用党日活动时间,开展了一次平整操场的义务劳动。当时朱德正在作战处埋头工作,党小组组长为了不影响他,就没有通知他去参加义务劳动。朱德知道此事后,便找党小组组长做检讨,并在小组会上做了自我批评。他说:"党内没有特殊党员,都是普通党员。每个党员都应当尽一个党员的义务,总部机关的同志参加平整操场的义务劳动,是我建议的,党组织也作了决定,我理应带头执行。这次义务劳动没参加,是说不过去的,欢迎同志们对我提出批评,监督我严格执行党的决定。"[2]不久,朱

---

[1]俞荣新:《老一辈革命家的"约法三章"》,《当代贵州》2014年第15期。
[2]张东明:《朱德的政治觉悟》,《学习时报》2017年3月6日。

德又在警卫战士面前提起这件事,再次做了自我批评。

正是因为朱德具有坚定的政治觉悟和党性原则,他对亲属尤其是对自己后人的要求十分严格。1947年3月,朱德和刘少奇率中央工委东渡黄河,来到晋察冀根据地指导工作。4月,朱德到儿子朱琦所在的冀中军区检查工作时,特意询问了朱琦的情况。军分区司令员杜文达表示,朱琦工作积极,学习也好,责任心也很强,他负责的通讯联络工作做得很出色。朱德听了很高兴,但又问道:"难道就没有缺点吗?"[1]

当听说朱琦在生活上有些散漫时,朱德严肃地告诉杜文达:"朱琦生活散漫,说话随便,这就是自以为是我的儿子,有优越感嘛!这样发展下去,就会造成很不好的影响,是会脱离群众的。因此,我要求你对他严格管教,不能搞特殊,要把他的优越感给克服掉。你回去要找他谈谈,告诉他这是我朱德交代给你的任务。要他今后一定要克服自己身上的毛病,加强组织纪律观念。……他是个共产党员,是人民的勤务员,而不是当官做老爷的,更不准耍威风、摆官架子。"[2]朱琦后来回忆说,他得知父亲的教诲后触动很大,在心灵深处受到了震撼,也让他受益良多。

在朱德嫡孙朱和平眼中,朱德是一位宽厚慈祥的长者,但他在一些原则性问题上却十分严格,他经常要求后人"老百姓怎样生活,你们就怎样生活"[3]。朱和平说,朱家有个不成文家规:不

---

[1] 朱和平:《永久的记忆:和爷爷朱德、奶奶康克清一起生活的日子》,北京:中国文史出版社,2015年,第141页。

[2] 同上。

[3] 中国中共文献研究会朱德思想生平研究分会编.《朱德与中国革命和建设学术研讨会论文集》,北京:中央文献出版社,2010年,第649页。

准搭朱德使用的汽车,不准亲友相求,不准讲究享乐。"'文革'初期,朱德在玉泉山办公时,专门交代奶奶带我们到中南海机关大灶食堂吃饭,一点儿不许搞特殊化。"[1]

朱和平在北京实验二小上学时,由于学校离中南海比较远,于是朱德家和刘少奇家、陈赓家合包了一辆三轮儿童车。这辆车是由普通的三轮平板车改装的,加上一个篷子遮挡风雨,由一位姓王的师傅负责骑车送三家的孩子上学。朱和平上小学四年级时,有一天风很大,王师傅蹬车困难。这时,几个孩子主动下车帮忙推,车就这样慢慢地向前走,到家时天都黑了。朱德看到他们很晚才回,而且一个个都灰头土脸的,就询问事情缘由。朱和平把实情告诉了朱德,这得到了他的表扬。

后来,朱德了解到,学校里很少有孩子坐儿童车,便让夫人康克清去找刘少奇的夫人王光美商量如何解决这几个孩子上学的问题。后来,朱、刘两家决定不再让孩子坐儿童车上学了,而是改乘公交车,康克清给朱和平买了月票。这样,朱和平就和学校其他孩子一样,每天坐公交车上学。

朱德外孙刘健从小就生活在朱德身边。1960年刘健上小学时,因为学校离家远,所以他想坐朱德的公用小汽车去上学,但出乎意料的是,朱德并未派出平时外出办公时乘坐的小汽车,而是让工作人员请来一个拉三轮车的车夫老王接送他。刘健看到后,不高兴地大声嚷了起来,坚持要坐朱德的小汽车。朱德听到外孙的吵闹声,从屋里走出来,和蔼而不失威严地说:"你问问王伯伯,像你这么大的时候,他坐过汽车吗?"他耐心地教育道:"你

---

[1] 参见2015年3月14日朱和平在接受《京华时报》记者专访时的讲话。

要坐小汽车,别人的孩子也要坐小汽车,你们要浪费国家多少汽油啊?""你坐了汽车就高兴,吃了糖果就舒服,你还能爱劳动吗?"[1]听着朱德的教导,刘健惭愧地低着头,一句话都说不出来。朱德拍拍刘健的头说:"爷爷像你这么大的时候,早就下地干活,帮助妈妈做事了。你们多幸福啊,可不能变成小泥鳅,全身挺滑,总想钻到泥里睡大觉!"[2]刘健一听就笑了。后来,他坚持每周步行回家。

新中国成立后,朱德从老家将侄子朱俊书接到身边抚养,并和康克清一道供他读书上学。1961年夏,朱俊书从北京二十六中毕业,面临就业问题,而恰好那时的江西共产主义劳动大学办得不错,朱德便与康克清给侄子做思想工作,要他响应毛主席"半工半读"的号召,去共产主义劳动大学学习,朱俊书很干脆地答应了。

江西共产主义劳动大学的办学方针虽是"半工半读",但在创办初期却是"全工无读"。朱俊书在异常艰苦的条件下,常常一天要劳动十几个小时。1963年初,朱德与康克清路过江西时前去看望朱俊书,发现25岁的他个子才一米五出头,体重不足40公斤,便问他原因。朱俊书委屈地说:"劳动强度太大了,又经常吃不饱饭。我还得了一次血吸虫病。我在北京读小学每月都吃36斤大米,在这里反倒每月只有32斤定量!"[3]朱德和康克

---

[1] 中共中央文献研究室第二编研部编著:《朱德自述》,北京:国际文化出版公司,2009年,第288—289页。

[2] 《回忆朱德》编辑组编:《回忆朱德》,北京:中央文献出版社,1992年,第436页。

[3] 唐席平:《朱德与侄儿血脉情深的故事》,《学问》2001年第9期。

清听后，心里很不是滋味。然而，1964年，当学校向朱俊书征求毕业去向，朱俊书询问朱德意见时，朱德却明确表示：第一，要留在江西，扎根江西；第二，不能直接进机关当干部，先下到基层去锻炼几年。依照朱德的指示，朱俊书被分配到南昌市下正街的一个发电厂机修班当了一名普通的工人。

除家人外，朱德对身边的工作人员和党内干部同样要求严格。中央开展"五反"运动期间，朱德和夫人康克清特地利用吃完饭的机会，把厨师邓林叫去，谈了有关自家小灶不能占公家大灶便宜的问题。在供给制年代，居住在中南海的中央首长基本上都在西楼大厅就餐，也有少数打包回去在家里吃。紧挨就餐大厅的是一个叫"总特灶"的大厨房，它除了提供日常就餐外，还承担会议招待和宴请外宾的任务。供给制改为薪金制后，中央首长就改在自己家里立灶开伙。[1]朱德和刘少奇因为是中央政治局常委，加上住房又不宽裕，所以他们的家庭厨房就设在总特灶的两间小屋内。朱德怕自家的厨师不注意，会随便动用总特灶的东西，也担心他们情急之下用了公家的食品又不记账。因此，康克清当着朱德的面，比较严肃地对邓林讲：不准以"照顾首长"的名义，无偿动用公家的东西；因紧急需要，非动用不可时，一定要告诉总特灶的负责人，填表登记，按货论价，月底结账。朱德听完后，又耐心地说："国家每月给我们发工资，就是为了解决生活问题，想吃什么，自己花钱，是合情合理的。在经济问题上，我们都要做到公家的就是公家的，私人的就是私人的，公私

---

[1]张宝昌：《忆晚年朱德》，《领导文萃》2011年第23期。

分明，干净做人。"[1]

1962年1月，全国县级以上领导干部和部分重要厂矿负责人共7000余人，在北京参加中央召开的扩大工作会议。会上，大家讲得比较多的除浮夸风问题外，就是搞特殊化的问题。而朱德的即席发言，引起了与会者的感叹与自责。他以某省一两个副省级干部为例："身有微恙，竟要医生、护士24小时为他们值班，每天量三次血压，每天化验大、小便，多名贵的药也敢用。对于饮食的苛求，就更不用说了。"他越说越气愤："像这样省一级的干部，特殊化到了如此程度，就他们的命值钱。已为革命牺牲的烈士不说，眼前大批在职的领导干部，不是都同群众一起艰苦奋斗吗？毛主席在困难时期都不吃猪肉了，他们比毛主席还厉害！这哪里是为人民服务的共产党干部，是人民头上的老爷，我们不需要这样的老爷。"[2]

"不搞特殊"，是党对领导干部的一贯要求，正是靠着这个"法宝"，中国共产党才赢得人民群众的信任和支持，国家才有今天的良好局面。朱德在长期的革命和建设生涯中，始终以一名普通的领导干部自居，要求亲属和身边人不搞特殊，取信于民。这种廉洁奉公的优良家风，直到今天，仍不失其重要的现实意义。

---

[1] 高学敏：《承诺：与领导干部谈雷锋精神》，北京：中国财政经济出版社，2013年，第138页。

[2] 文涛：《朱德：我们不需要这样的老爷》，《党建》2013年第7期。

陈云：以普通劳动者自居

"不占公家便宜，不搞特殊化，是陈云同志家风的一大特色。"[1]

新中国成立初期，陈云有三个孩子都在住宿制学校上学，学费、伙食费要从工资中扣，这对陈云来说是笔不小的支出。为了省钱，妻子于若木只好把孩子们转到家附近的普通小学走读，在家吃住。三年困难时期，为了省布票，于若木把大人的衣服拆给小孩穿，把大孩子的衣服拆给更小一点的孩子穿。据二女儿陈伟华回忆，"文化大革命"期间，陈云一家七口人分散于全国各地。陈云被下放到江西南昌，身边没有一个亲人，在那里孤独地待了两年七个月。后来，大女儿陈伟力到江西给他做饭，照顾他的生活10个月。[2]他却对陈伟力说："你在我这儿10个月，没有给国家干事，是为了照顾我，你不能拿国家的工资。"[3]他让陈伟力把这段时间的工资全部退给了单位。后来，陈伟力果真按照陈云的要求，把那段时间的工资退给了单位，单位的财务部门还因此给她开了一张收据。

上海刚解放时，陈云给家乡一位老战友的孩子回信，叮嘱他以及自己在家乡的表弟"千万不可以革命功臣的子弟自居，切不要在家乡人面前有什么架子或者有越轨违法行为"，要求他们"必须记得共产党人在国家法律面前是与老百姓平等的，而且是守法

---

[1] 朱佳木：《陈云家风——共产党人家风的典范》，《百年潮》2015年第6期。
[2]《守规矩当学陈云》，《当代兵团》2016年第19期。
[3] 朱佳木：《陈云家风——共产党人家风的典范》，《百年潮》2015年第6期。

的模范"。[1] 信中还说："我与你父亲既不是功臣,你们更不是功臣子弟。""你们必须安分守己,束身自爱,丝毫不得有违法行为。我第一次与你通信,就写了这一篇,似乎不客气,但我深觉我有责任告诫你们。"[2] 为了解吴江县政府对陈云姐姐陈星的接济详情,从1952年10月至1972年8月,吴江县政府先后收到三封与陈云有关的来信,前两封分别来自陈云担任负责人的中央财经委员会办公室和秘书室。第一封书信[3] 内容如下:

> 县长同志,中财委陈主任的姐姐陈星,……据说县政府对她很照顾,谢谢你们。……请你们查一下,每月接济陈星多少钱(或多少米),已经接济了多少次。陈主任讲,现在补贴增加了,干部家属不必再要公家接济。请你们至12月份起,即停发陈星的接济费用,不必客气。以后由陈主任自行帮助解决。盼你们即(及)早复一回信,至盼!

一个月后,北京的第二封信[4] 又来了。信中说:

> 吴江县长同志,我们于上月27日寄去一信,请于12月份起停发陈主任之姐在你县所领的家属优待费,但至今尚未

---

[1] 朱佳木主编:《陈云年谱(1905—1995)》(上),北京:中央文献出版社,2000年,第568页。

[2] 陈云:《陈云文选》(第一卷),北京:人民出版社,1995年,第396页。

[3] 陆建忠:《"既有人情味又按原则办"——从三封书信看陈云处理亲情问题的方法》,《党的文献》2015年第4期。

[4] 同上。

接到回信。因陈主任现在供给较前提高，所以提出应自己补助其姐。但究竟过去由县政府补助多少，请即告知。并请即告处理情况，为盼！

第三封信是陈云代他姐姐给吴江县松陵镇革命委员会的回函，写于1972年8月23日。信中说："你们1972年8月6日给我姐陈星的信收到。我姐姐正在病中，此事由我作主，如果我姐姐有另（零）星家具存在凌文英家中，可以都按凌文英财产处理办法一概交公。专复并致敬礼！"[1]

可见，陈云不仅对自己的家人严格要求，而且对所有沾亲带故的人也都是这样要求的。三封书信涉及的事情虽小，却反映出陈云在处理涉及亲情、人情问题上的高风亮节，反映出陈云既关心亲人生活又时刻牢记党员领导干部责任、严于律己的优良作风。

为了使子女树立清正廉洁的思想观念，陈云一直教育他们要像普通人一样学习生活，不能搞任何特殊化，不要沾染不良习气。解放战争时期，时任东北局党组织重要领导职务的陈云，在家里"约法三章"：不准随便进出他的办公室；不准翻看、接触只供他阅读的文件和材料；不准搭乘他的公务用车。[2]

不准搭乘陈云的公务用车，是陈云为家人制定的"三不准"原则当中的一条，也是陈家的"老规矩"。早在全国解放初期，陈云和于若木同在中财委工作时，担任中财委主任的陈云就配备

---

[1] 陆建忠：《"既有人情味又按原则办"——从三封书信看陈云处理亲情问题的方法》，《党的文献》2015年第4期。
[2] 陈云故居暨青浦革命历史纪念馆编：《上海陈云研究》，上海：上海社会科学院出版社，2010年，第204页。

有一辆公务车。于若木本可以搭乘陈云的汽车上下班，但她坚持自己骑车，从未搭过哪怕一次便车。后来，于若木在中国科学院工作，依旧是骑着自行车去香山上班。每天上班，她都要骑一个半小时的车，半路上要是觉得饿了，就吃块巧克力接着骑。[1]改革开放后，中央为陈云配备了一辆"红旗"牌轿车，以便他从事国务活动时乘坐。但他要求家里任何人都不准乘坐这辆轿车，于若木每天还是骑着一辆天津自行车厂生产的"红旗"牌自行车上下班。

当看到陈云的红旗轿车时，于若木曾开玩笑地说："我们家院子里停了两辆红旗车！"[2]后来，于若木在骑车时被人撞倒导致脚面骨折。从此，陈云再也不让于若木骑车，将自行车没收交给了二女儿陈伟华。陈伟华骑了十几年，直到这辆车实在骑不了才让它"退休"。

陈云这种严格的家教深入每个家庭成员的心中，连他的小孙子也常说："我家里有规定，不能用公车，不能坐爷爷的车。"[3]

陈云要求亲属公私分明，其实，他自己分得更清楚、更严格。1976年7月唐山大地震发生后，他的办公室南墙被震裂出一条一米多长、两厘米宽的裂缝。后勤部门请北京市房管部门的技术人员对整幢楼房进行了检查，发现经过这次地震，楼房的结构存在较严重的安全问题。因此，后勤部门提出把楼拆掉，在原址上建新楼。陈云对此不同意，认为："这虽然是老房子，也比老百姓

---

[1] 叶帆子：《陈云为家人订立"三不准"》，《当代广西》2016年第11期。

[2]《陈云家庭两辆"红旗车"的故事》，《南方都市报》2015年6月12日。

[3] 张曙：《中央纪委第一书记陈云》，北京：中国方正出版社，2015年，第212页。

住的房子好,这样好的房子都拆掉,建新房,老百姓会骂的,那样我们会脱离群众,影响不好。"他说:"这件事不能做,我不能给自己盖房子。"[1]在陈云的坚持下,老楼没有拆,当然也没有建新楼。然而,房子毕竟损坏了,已不适合居住,经过再三动员,陈云于1979年搬到中南海居住。原有旧房经过大修后,改作他用。[2]然而,刚搬进中南海的房子,陈云就明确要求,房子不要花钱重新装修,就按原样住。此后,直到他去世,房子旧貌如往昔。

改革开放初期,为方便陈云工作,工作人员拿来一个台式录音机让他用,当他得知录音机是从机关拿来的,便立即让工作人员拿回去。后来,有人用工资给他买了一台,他才留下,一直用到去世。有一年,上海评弹团进京演出前,让秘书朱佳木请示陈云可不可以到他家里演出一次,陈云说:"见见他们可以,但不必听演出。我每天听录音不是很好吗?在这种事上,还是要严肃一些。"[3]1984年,中国人民银行送来三枚新中国成立35周年的纪念币,每枚面值一元。陈云把朱佳木叫去说:"要给他们钱,否则我不要。"[4]朱佳木当然只能照办,这弄得对方都不知道该如何下账。

正是因为陈云时刻要求自己和家人以普通劳动者身份自居,不搞特殊化,因此,他总会把自己和其他人放在平等位置。作为

---

[1] 张德义:《陈云要求身边人不搞特殊化》,《人民日报》2015年12月15日。
[2] 张远航、刘晴主编:《陈云纪事(1905—1995)》(下),北京:中央文献出版社,2011年,第588页。
[3] 朱佳木:《陈云家风——共产党人家风的典范》,《百年潮》2015年第6期。
[4] 同上。

党和国家的重要领导人，陈云有一次外出时，身边工作人员对他的日常起居的某些方面做了小改动。过了一段时间，他用商量的语气跟身边工作人员说：有几件事情你进行了改革，主观愿望是好的，但客观效果不好，没经过实践你不知道，没经过实践我也不知道，现在退回去重来怎么样？[1] 由此不难看出，陈云不仅尊重事实，而且平易近人，展现了一位优秀共产党人的高风亮节。

陈云曾深刻指出，对整顿党风这件事，"各级领导干部，特别是高级领导干部要重视。要真正身体力行，作出榜样"[2]。他提出："希望所有党的高级领导人员，在教育好子女的问题上，给全党带好头。决不允许他们依仗亲属关系，谋权谋利，成为特殊人物。"[3] 可见，在陈云看来，党和国家各级领导干部尤其是高级干部的作风和家风，是党风的组成部分，而且是重要组成部分。确保党风好转，首先要从领导干部的作风、家风抓起。

"将教天下，必定其家，必正其身。""预造优美之家庭，须立良好之规则。"这些家规古训无不述说着正家风的重要性。从毛泽东"不要使政府为难"的七字箴言，到刘少奇"主席的亲戚也不能搞特殊"的正义言辞，再到陈云"以普通劳动者自居"的谆谆告诫，都为我们严正家风树立了榜样。习近平总书记指出："各级领导干部特别是高级干部要自觉遵守廉政准则，既严于律己，又加强对亲属和身边工作人员的教育和约束，决不允许以权谋私，决不允许搞特权。对一切违反党纪国法的行为，都必须严

---

[1] 张德义：《陈云要求身边人不搞特殊化》，《人民日报》2015年12月15日。
[2] 陈云：《陈云文选》（第二卷），北京：人民出版社，1995年，第351—352页。
[3] 同上书，第352页。

惩不贷,决不能手软。"[1]这段论述站位高远、立意深刻,是对党多年干部管理经验的深刻总结,为党员干部如何管好身边人提出了要求、指明了方向、提供了遵循。

---

[1] 习近平:《紧紧围绕坚持和发展中国特色社会主义 学习宣传贯彻党的十八大精神——在十八届中共中央政治局第一次集体学习时的讲话》,北京:人民出版社,2012年,第12—13页。

五　什么事都应执行勤俭的原则

中国共产党是依靠节俭与廉洁逐步发展壮大的。从建党时的"衣衫褴褛"到如今的"西装革履",从最初手提红缨枪、大刀,到现今坐拥战略核武器和全球精确制导导弹,从新中国成立时的一穷二白、百废待兴,到现在成为仅次于美国的世界第二大经济体,其间,无不浓缩着共产党人代代相传的勤俭节约的优秀品质。

毛泽东:补丁叠补丁的衣服好穿

毛泽东一生都把自己看作是人民中的普通一员,始终保持着厉行节约、艰苦朴素的作风。他将勤俭视为共产党人的美德,并通过对儿女和身边工作人员的言传身教,铸就了勤俭节约的家庭风气。勤俭节约,是毛泽东严以持家家风的重要表现。

毛泽东是个"恋旧"的人,他的生活用品总是能跟随他很久,即使破旧不堪,他也不允许工作人员随便丢掉,总是利用得彻彻底底。毛泽东经常嘱咐工作人员,生活用品需要多少就买多少,不要多买,以免浪费。因此,毛泽东的生活账本中有很多类似修补热水瓶、换锅底、换皮凉鞋底、修理手表的消费记录。[1]

---

[1] 聂文婷、罗平汉:《毛泽东同志的家风》,《学习时报》2017年1月27日。

毛泽东在家喜欢穿布鞋、拖鞋，只有在公开场合才穿皮鞋。一双皮鞋常常一穿就是好几年，甚至十几年。毛泽东偏爱黑布鞋，但从不穿黑皮鞋。1956年，他在会见印度尼西亚总统苏加诺时，陪同的公安部部长罗瑞卿建议毛泽东按国际惯例穿黑皮鞋。毛泽东不高兴地说："为什么要按外国的？我们中国人要按中国人的习惯穿！"[1]

　　毛泽东对全家的生活开支控制得非常严格。1955年，供给制和包干制都改为工资制后，毛泽东一家的经济收入都由工作人员掌管。据卫士李银桥回忆，他当时每个月收入50多元，毛泽东200多元，江青是100多元。他还写了一份《首长薪金使用范围、管理办法及计划》，记录了穿衣、吃饭、房租、家具折旧费、支援困难同志等方面的支出明细。毛泽东看过后，对其他开支赞同，但对伙食费有意见，认为一天3元的伙食费太高了。经李银桥说明"招待客人也要从中支出"后，毛泽东才提笔在计划表上批了两个大字："照办。"[2]毛泽东之所以这样节俭，是因他认识到："要使全体干部和全体人民经常想到我国是一个社会主义的大国，但又是一个经济落后的穷国，这是一个很大的矛盾。要使我国富强起来，需要几十年艰苦奋斗的时间，其中包括执行厉行节约、反对浪费这样一个勤俭建国的方针。"[3]他经常对身边

---

[1] 韶山毛泽东同志纪念馆、湘潭大学毛泽东思想研究中心编：《中国出了个毛泽东》，北京：人民出版社，2006年，第156页。

[2] 李银桥、韩桂馨：《在毛泽东身边十五年》（修订版），石家庄：河北人民出版社，2006年，第255页。

[3] 中共中央文献研究室编：《毛泽东文集》（第七卷），北京：人民出版社，1999年，第240页。

的工作人员说:"要注意勤俭节约,处处爱护公物,注意节约水电。""一粥一饭都是来之不易,一针一线也不应该浪费,这都是来自人民,是劳动人民流血流汗生产的果实,如果浪费了,就是白白丢了人民的劳动果实和自己手里的财富,影响我们国家财富的积累,万万不可这样做。""几颗小麦做一个馒头?几株稻子做一碗米饭?有谁算过这笔账?"[1]他还说:"我们的国家是一个大国,人口众多,如果一个人一天浪费一粒米,一年就要浪费掉365粒米。这样,八亿人民一年浪费的粮食积累起来,就能救济很多灾民。如果八亿人民每人每天再节约一粒米,其数量不就可观了吗?实行勤俭节约,反对浪费,能够使我们的国家富强了再富强,使人民生活水平提高了再提高。"[2]

在韶山毛泽东纪念馆中,陈列着不少这位共和国开国领袖生前用过的令人触目惊心的"文物":补了73块补丁的睡衣、接见英国前首相时穿的螺纹补丁裤、韶山农民当年爱穿的长筒袜、接见尼克松时穿的千层底布鞋。[3]

这里面最引人注目的是一件补了73个补丁的木薯棉睡衣。这件睡衣是20世纪50年代初北京东交民巷雷蒙服装店王子清师傅为毛泽东做的:木薯棉质地,夹层,香蕉领,有两个口袋,衣长141厘米。从那时起一直到1971年,毛泽东春秋两季都穿它。

一次,工作人员趁毛泽东休息之机,给他换了件新睡衣。毛

---

[1] 张耀祠:《张耀祠回忆录——在毛主席身边的日子》,北京:中共党史出版社,2012年,第195页。

[2] 同上书,第195、196页。

[3] 韶山毛泽东纪念馆编著:《毛泽东生活档案》(下),北京:中共党史出版社,1999年,第907页。

泽东醒后发现睡衣被换，很不高兴，一再追问睡衣去处，工作人员只好把旧睡衣拿出来。毛泽东接过睡衣，一边穿一边说："习惯了，还是这件补丁叠补丁的睡衣好穿。"[1]

毛泽东对于穿着一概不讲究，只要宽松就行。他身边的工作人员周福明、吴旭君等回忆："主席穿衣一定要大，不喜欢紧身，喜欢空荡。"[2]在陕北杨家沟时，卫士拿着一件补丁叠补丁的衣服给毛泽东看："主席，你看看吧，再穿就该出洋相了。说不定你做报告，在台上一做手势，它就会碎成布片呢。"[3]毛泽东接过衣服，小心翼翼地放在大腿上说："它跟我参加过洛川会议呢。……这样吧，用它补衣服，它可以继续发挥作用，我也能继续见到它。"[4]

从1953年到1962年，毛泽东没有做过一件新衣服，工作人员看到他的衣服破了，劝他换件新的，他说："我们国家穷，发的布票少，你不也穿着补丁衣服吗？我为什么就不能穿？因为我是主席？我看还是应该节省点，不能做新的，破了再补嘛！"[5]

还有一次，一位卫士看到毛泽东的一件衬衣因穿的时间太长，已薄如蝉翼了，加之她洗时不小心把背部撕了个大口子，她为此有些焦躁不安。而恰在这时，有同事生了小孩，这位卫士就把衣服给小孩做尿布。哪曾想，毛泽东竟一再追问衬衣的下落。

---

[1] 孙宝义、刘春增、邹桂兰编著：《勤俭廉洁的毛泽东家风》，沈阳：万卷出版公司，2016年，第112页。

[2] 韶山毛泽东同志纪念馆编：《毛泽东遗物事典》，北京：红旗出版社，1996年，第188页。

[3] 于俊道主编：《毛泽东实录》，北京：中国工人出版社，2014年，第188页。

[4] 毛新宇：《爷爷毛泽东》（下），北京：解放军出版社，2013年，第627页。

[5] 李文生：《心泉集》，北京：作家出版社，2008年，第25页。

卫士情急之下，撒谎说给小孩改成衣服穿了。毛泽东听说卫士没有将它随便扔掉，而是派上了其他用场，才没有继续追问。

在具体的饮食安排上，毛泽东也奉行简单适合的原则。他很少按照保健医生的安排吃所谓的营养餐，一天吃两餐的时候多，还有只吃一餐的时候。他一直保持着战争年代的吃饭方式。在他的卫士值班室有个电炉子和大搪瓷缸子，经常是由卫士在电炉子上煮一缸子麦片粥加牛奶、鸡蛋，他就着秘书叶子龙为他做的霉豆腐吃下去，这就算一顿饭。[1]毛泽东的年夜饭也比较简单，中南海的厨师康辉说："毛主席生活简朴，要求简单，无论是元旦还是春节，他的家宴总是三荤两素一个汤。"[2]

对毛泽东的年夜饭有更多记忆的是厨师程汝明，他在毛泽东身边干了22年。某一年除夕夜，程汝明做了不放酱油的红烧肉、腊肉、苦瓜、辣椒圈、鱼头豆腐、盐水鸡、扒双菜和一小盆三鲜饺子，加上中午的剩菜，这些就成为毛泽东当天的年夜饭。在程汝明的印象中，毛泽东在年夜饭上吃过的最奢侈的菜，只有一个罗汉大虾。有几次年夜饭，毛泽东都吩咐把中午的剩菜端上来。[3]

1960年是国家经济最困难的一年。这一年，毛泽东给自己定下"三不"：不吃肉、不吃蛋、吃粮不超定量。由于长期缺乏营养，毛泽东和许多干部群众一样得了浮肿病。他说："我不吃猪肉和鸡了，猪肉和鸡要出口换机器。我看有米饭、青菜，有油、盐就

---

[1] 李银桥、韩桂馨：《在毛泽东身边十五年》（修订版），石家庄：河北人民出版社，2006年，第257页。
[2]《领袖们的年夜饭》，《党史纵览》2015年第7期。
[3]《那些年，中南海里的年夜饭》，《解放日报》2014年1月24日。

可以了。"[1]

　　毛泽东的勤俭作风，使他对贪污和官僚现象极为愤恨。1934年1月，在第二次全国工农兵代表大会上，毛泽东指出："应该使一切政府工作人员明白，贪污和浪费是极大的犯罪。"[2]1941年5月，《陕甘宁边区施政纲领》规定："厉行廉洁政治，严惩公务人员之贪污行为，禁止任何公务人员假公济私之行为。"[3]解放战争时期，毛泽东宣布中国人民解放军八项基本政策之一是"废除蒋介石统治的腐败制度，肃清贪官污吏，建立廉洁政治"[4]。在解放战争即将夺取全国胜利之际，毛泽东又非常慎重地告诫有些党员不要"经不起人们用糖衣裹着的炮弹的攻击"[5]。1952年1月，全国开展"三反""五反"运动期间，毛泽东说："我们共产党队伍里出了贪污犯和官僚主义，全国的老百姓心里也不好受，也要骂娘哩！"[6]他在散步时问卫士李银桥："你有没有贪污？"李银桥说："没有，我也没地方贪污。"毛泽东又问："你现在不贪污，以后贪不贪？""我们共产党人永远不能搞贪污，要经得起历史的考验。"他还问："你不贪污，你浪费没有？"[7]

---

[1] 毛岸青、邵华：《我们的父亲毛泽东》，北京：中国工人出版社，2014年，第436页。

[2] 毛泽东：《毛泽东选集》（第一卷），北京：人民出版社，1991年，第134页。

[3] 《中共党史教育参考资料》（第八集），人民出版社，1997年，第264页。

[4] 毛泽东：《毛泽东选集》（第四卷），北京：人民出版社，1991年，第1238页。

[5] 同上书，第1438页。

[6] 邸延生：《历史的追述：毛泽东和他的卫士长》，石家庄：河北人民出版社，2013年，第355页。

[7] 邸延生：《历史的真言：李银桥在毛泽东身边工作纪实》，北京：新华出版社，2000年，第523页。

毛泽东曾说过：我们历来主张艰苦奋斗，"现在……伙食改善了，已经比专吃酸菜有所不同了。但根本的是我们要提倡艰苦奋斗，艰苦奋斗是我们的政治本色。……人是要有一点精神的，无产阶级的革命精神就是由这里头出来的"[1]。在物质生活日益丰富的今天，重新回顾毛泽东质朴而感人的生活画面，思考他曾经说过的这些话，我们仍可从中获得感奋的力量，它激励着我们将艰苦朴素、勤俭节约的好风尚一代代延续下去。

刘少奇：尝尝吃不饱的滋味有好处

老一辈革命家刘少奇艰苦朴素、优良醇厚的家风一直为人称颂。在这方面，他不仅严于律己，还在生活、思想和社会实践等方方面面，以共产党员的标准严格要求亲属和身边人，永葆共产党员的本色。

刘少奇是党内较早提倡勤俭节约、号召克服浪费的领导人。早在1942年7月20日，他在《克服困难，准备反攻，为战后建立新中国创造条件》一文中就说："为了整个革命的利益，我们不应该姑息那些官僚主义者及贪污浪费者。这在全党全军中必须进行深入解释和动员，为革命的胜利、我们的光明前途与新中国的创造而节省一切可以节省的物质资财。对民力、对物质资财的不爱惜，无异于对党对革命不负责任，无异于犯罪。"[2]新中国成

---

[1] 中共中央文献研究室、中国人民解放军军事科学院编：《建国以来毛泽东军事文稿》（中），北京：军事科学出版社、中央文献出版社，2010年，第328页。
[2] 刘少奇：《刘少奇选集》（上卷），北京：人民出版社，1981年，第225页。

立后,他在中国共产党第八次全国代表大会上做政治报告:"在一切企业中,在一切国家机关中,在整个社会生活中,都必须继续提倡节约,克服浪费。浪费在任何时候都是妨碍生产的发展和生活的改善的。我们的建设还在开始,我们更应当为积累每一元的建设资金并且加以最有效的使用而奋斗。……勤俭建国、勤俭办企业、勤俭办合作社、勤俭办一切事业,这是我们党建设社会主义的长远方针。"[1]可见,提倡勤俭节约、反对贪污浪费是刘少奇一贯的主张。

刘少奇不只是这么说的,他也是实实在在这么做的。1922年9月领导安源工人大罢工时,刘少奇作为工人运动的领袖,每月只有15元薪水。那时,他有一件蓝布长衫算是上等"礼服",外出时穿上,回来马上换上平日穿的老农式大青布便服,衣服扣子还是布制的。他冬天穿得更寒碜:身穿一件长褂拖地的老式旧大衣,袖子很宽,像唱戏的旧"龙袍";头戴一顶灰黄色的礼帽,旁边还有一个洞;穿的皮鞋也很破旧,鞋底后跟磨去了半边;还有一双土布袜子,袜底没有了,光有袜筒。[2]

1959年夏的一个星期天,北京第二实验小学校长陶淑范领着几位老师应邀一同来到位于中南海西楼甲楼的刘少奇家中做客。他们在王光美的陪同下,登上三楼参观了孩子们的卧室和学习室:只见几个房间里只有简单的木板床、木制小柜、书桌、木椅,床上的被子和衣服折叠得整整齐齐,桌上的书籍、文具等也摆放得有条不紊。老师们都很惊异:"原来国家主席孩子的居住环境

---

[1] 刘少奇:《刘少奇选集》(下卷),北京:人民出版社,1985年,第227—228页。
[2] 李桂芳:《刘少奇:中国共产党人廉洁从政的典范》,《党史文苑》2012年第6期。

竟是这么俭朴，简直和我们的孩子没有什么两样。"[1]

一段时期内，刘少奇一家十几口人的生活开销及接济亲戚等费用支出，全靠他和王光美每月的工资，因此，家里经常出现捉襟见肘的情况。由于花销大，刘少奇平时很注意节省，一日三餐都很简单，就是粗茶淡饭，有时热热剩菜剩饭就算一顿。他衣着也很朴素，在家里穿的普通布衣和布鞋，有的都洗褪了颜色，衬衣总是穿到无法再补了才肯换新的。有一次，他的一件衬衣破了一道很长的口子，警卫员劝他做件新的，他说："不要紧，再缝一缝，还能穿些时候。"[2]他仅有的"上海"牌手表也是坏了就修，一直坚持用到他逝世。他每天就是一壶茶，没茶味了，就再续上点茶叶。他的手帕磨出了洞也不让工作人员扔掉；毛巾中间破了，就让人从中间剪断，把边上的两头接起来再用。刘少奇还有一件深灰色大衣，衣领已洗得发黄，衣右前襟距衣边处有一豆大小孔，衣内胆左右挂袖处和衣后开衩处均有"T"字形裂缝。1983年，王光美托在北京开会的湖南省人大常委会副主任罗秋月将衣服转交给了刘少奇同志纪念馆。1994年，该大衣经鉴定为国家二级文物。

刘少奇常说，人在生活方面要知足，现在生活比革命战争年代不知好了多少倍。1963年4月，他作为中华人民共和国主席，即将出访印度尼西亚、缅甸、越南、柬埔寨四国。外交部礼宾司通知，请刘少奇和王光美做出国服装。秘书报告刘少奇后，

---

[1] 黄祖琳：《刘少奇家世》，上海：上海人民出版社，2009年，第346页。
[2] 于俊道主编：《刘少奇实录》，北京：中国工人出版社，2012年，第188页。

他说:"有穿的就不要再做了,出国不一定非得穿新衣服。"[1]工作人员将此话转告礼宾司后,司长俞沛文以高度负责的态度来到刘少奇家,要求看看刘少奇的衣服是否能行。当他打开衣柜把刘少奇和王光美的衣服一件件认真检查了一遍后,感慨地说:"这些衣服都不行,作为国家主席和主席夫人出国访问要按照外交部的规定办。另外,这四国的气候也不一样,有热带,也有亚热带,现有的这些衣服不适合那里的季节,而且都是穿过多年的旧衣服。"[2]他还说,王光美作为国家主席夫人出访更应注意服饰。俞沛文说明情况后,刘少奇虽然勉强同意做些薄衣服,但还是有自己的看法,他说:"我们有我们的国情嘛,不要完全同人家比,简朴在什么时候什么地方都不是丑事。"[3]

刘少奇不仅对自己是这么严格要求的,他也同样要求家人养成勤俭节约的好习惯,反对铺张浪费。他对子女生活上要求极严,严禁他们生活奢侈。他总说:"人民吃不饱,我们有责任,让孩子尝尝吃不饱的滋味有好处,等他们为人民办事的时候,将会更好地总结经验教训,再不能让人民吃不饱饭。"[4]刘少奇的言传身教,使子女都养成了勤俭节约的良好习惯。

刘少奇这种艰苦朴素的优良家风,也从他身边工作人员的记述中得到体现。据刘少奇身边工作人员吴振英、石国瑞回忆,刘

---

[1] 黄峥执笔:《王光美访谈录》,北京:中央文献出版社,2006年,第295页。

[2] 刘振德:《我为少奇当秘书》(增订本),王春明整理,北京:中央文献出版社,2003年,第247页。

[3] 同上。

[4] 王炳仁、高友德、赵薇薇、石英编:《名人家教集锦》,北京:中国青年出版社,1987年,第163、164页。

少奇生前没有几件像样的衣服，在家常穿一件深黑色或深灰色外衣。他有一套礼服，穿了一二十年，接见外宾或出席重要会议时穿一下，回来就脱下叠起来，还风趣地说："这是工作服嘛，工作完了，就脱下来嘛。"[1]一件大衣，他也穿了十多年。工作人员考虑到他是国家重要领导人，见他的衣服太旧，准备给他添置一件新的，但他坚决不同意。有件衬衣刘少奇穿了好几年，袖口和领子都磨破了，工作人员建议他买件新的，他却说："换上个领子，补一下袖口，还可以穿嘛，丢掉可惜了！"[2]工作人员只好听从他的意见。

新中国成立之初，中央军委去山东招干，杨淑梅有幸入选。1951年，在中央军委保育院学习了8个月保育知识后，她被分配到刘少奇家里。她后来回忆说："我做梦也没想到刚从山东农村来到北京就会调到中南海里工作，更没想到会调到少奇同志身边工作，这对我是莫大的信任和光荣啊！"[3]1952年6月的一天，杨淑梅第一次见到了刘少奇和王光美。第一次见这么高职务的国家领导人，杨淑梅十分拘谨，可刘少奇第一声招呼却让她感到格外亲切："杨淑梅同志，欢迎你来我家工作。"杨淑梅激动地叫了声"首长"，刘少奇听了严肃地说："不要称首长嘛！要叫同志，我们都是同志，你帮我带孩子，我安心为党工作，这都是革命工作，只是分工不同，今后，你管我叫少奇同志，管她叫光美

---

[1] 任东云等：《共和国主席的荣与辱——建国后的刘少奇》，长春：长春出版社，1993年，第14页。

[2] 同上书，第13页。

[3] 黄峥、郭家宽主编，《圣洁的思念：缅怀王光美》，北京：中央文献出版社，2011年，第82页。

同志，有什么事，就找光美同志好了。"[1]说完，刘少奇微笑着和杨淑梅告别，嘱咐她有什么困难尽管说。

杨淑梅回忆刘少奇夫妇的日常生活时说："少奇同志很清贫，生活非常简朴。"而且刘少奇对孩子要求也十分严格，他总说："穿衣服也不能脱离群众。"[2]平时在家里，刘少奇和王光美总是穿布衣服和布鞋子，穿得和工作人员一样。每当工作人员穿一件新潮衣服，刘少奇都会好奇地看看，笑笑说："你的衣服比我的高级呀！"[3]

刘少奇身边的工作人员于云德，谈到刘少奇生活简朴时讲了这样一个故事。刘少奇儿子从苏联留学回来，找了一个对象，是某文工团的演员，可领回家里后第二天，女方就提出分手。原来，这个姑娘嫌刘少奇家里太贫寒了。对此，于云德说，刘少奇家里人口多、花费大，可他从来没有向国家要一分钱。平时家里九口人吃饭，每顿饭也只有小小的六碟菜。刘少奇穿的也是粗布衣服和布鞋，只有接见外宾的时候，他才穿上中山装和皮鞋。[4]在刘少奇的严格教育下，一家人都养成了艰苦朴素的习惯。

艰苦奋斗和勤俭节约是一种作风、一种精神。中国共产党因艰苦奋斗而兴，新中国因艰苦奋斗而强，中国人民解放军因艰苦奋斗而胜，中国人因艰苦奋斗而立。刘少奇大力提倡和践行的艰

---

[1] 黄峥、郭家宽主编：《圣洁的思念：缅怀王光美》，北京：中央文献出版社，2011年，第81—82页。

[2] 李颖、王刚：《刘少奇同志的家风》，《学习时报》2017年2月3日。

[3] 黄峥、郭家宽主编：《圣洁的思念：缅怀王光美》，北京：中央文献出版社，2011年，第85页。

[4] 舒薇：《保姆爆刘少奇的"私生活"让人心酸》，《政府法制》2011年第20期。

苦奋斗精神,在今天的家风建设和党的建设过程中仍有其重要现实意义。

周恩来:"百衲巾"和"三代裤"

提到艰苦朴素,人们总会不由自主地想起周恩来。作为杰出的政治家、军事家,周恩来位不能说不高,权不能说不大,但也就是这样一位叱咤风云的政治领袖,却一直崇尚节俭、倡扬朴素。他作为一个世界大国的总理,能够赢得中国乃至世界人民的赞誉,显然是与他的品德和人格魅力分不开的。

在周恩来故居,珍藏着一件珍贵的遗物,这就是他故乡人民万口传颂的"百衲巾"。这是上海生产的一条普通浴巾,周恩来生前用了20多年,棉绒早已磨平,色泽早就褪尽,能透光亮,破损的地方细针密线地缝补着大大小小14个补丁。这些补丁都是用旧毛巾和旧口罩制成。在周恩来患病住院期间,还用它作为枕巾使用。[1]一个国家的政府总理,竟然使用着这样一条"百衲巾"。而这条"百衲巾"在周恩来艰苦朴素生活的海洋里,只是一朵小小的浪花。

周恩来的侄儿周保章讲了一个同样感人至深的故事。一次,他因公出差到北京,顺便去西花厅看望伯父伯母。一进门,他就看到伯母邓颖超戴着老花眼镜在缝被子。邓颖超这样大的年纪,还亲自处理这些针头线脑的家庭琐事,这让周保章心里很是不安。他连忙找来针线,帮助伯母一起缝。在他的帮助下,终于缝

---

[1] 李祥、杨大生主编:《百世丰碑》,南京:南京出版社,1998年,第104页。

补好这条有若干破洞的名副其实的"百衲被"。后来,周恩来患病住院,这条"百衲被"经过拆洗又被带进了医院使用。当时,周恩来的侄媳孙桂云在他家。周恩来身边的工作人员对她说:"看,你伯伯盖的就是这条被子,被面上好几个花朵都烂成了洞,可总理硬是不让我们给换条新的。"[1]他们噙着泪珠把上面的洞又一次逐个缝补好,才送进了医院。就是这条"百衲被",伴随着周恩来直到他逝世。

周恩来不仅有"百衲巾"和"百衲被",他还有一条"三代裤"。

周恩来的侄儿周尔辉,一直在周恩来身边长大,继承了周恩来艰苦清廉的革命传统,过着朴素的生活。他读书时,周恩来给了他一条旧呢裤。这条裤子穿了许多年,破了补,补了破,一直补到不能再补时,又把它拆开来翻新,给小孩子改缝成一条小裤子。一次,周尔辉夫妇带着孩子去看望周恩来夫妇。孩子的呢裤被邓颖超看见了,她惊讶地问起裤子的由来。孩子告诉她:"这是爷爷给爸爸的,爸爸穿破了,妈妈又改给我穿的。"[2]当弄清情况后,周恩来、邓颖超开心地说:"好!一条裤子穿了三代人,这应该成为我们周家的传统!"[3]这件事后来在故乡流传开来,人们把这条裤子亲切地叫作"三代裤"。

周恩来不但以身作则,他也教育亲友要保持艰苦朴素的生活作风。据侄子周保章回忆,1964年8月2日和9日,周恩来在对亲属谈家史时说:"我为什么痛恨旧社会封建家庭?没落的封建

---

[1] 王秀珍、余滔主编:《淮安揽胜——周恩来故里纪行》,重庆:西南师范大学出版社,1999年,第91页。

[2] 同上书,第92页。

[3] 秦九凤:《炫公集》,北京:中国文史出版社,2004年,第248页。

家庭，什么都败坏了，贪污、腐化，有许多坏东西，我们小时候都见过。铺张、虚荣、说假话，完全是虚伪，我最痛恨这些。对这种生活方式不痛恨，就改变不了它。你们年轻一代，不要学老一代的旧的生活习惯，穿衣服要朴素。"[1]

除穿着外，周恩来日常饮食同样十分节约，从不铺张浪费。据在周恩来身边做菜多年的厨师王诗书、桂焕云回忆，周恩来喜欢吃烩干丝、红烧百叶结、红烧狮子头等，每逢过年，周恩来夫妇都要请工作人员一道吃顿"团圆饭"，此时，周恩来和邓颖超会亲自下厨，做几样拿手菜。周恩来最拿手且每次下厨必做的一道菜，就是红烧狮子头。[2] 1961年12月4日，国务院召集专门委员会对当时第二机械工业部的一个规划进行审议，会议从上午开到中午还没结束，周恩来便留大家吃午饭。餐桌上是一大盆肉丸熬白菜、豆腐，四周摆几小碟咸菜和烧饼。周恩来就这样同大家同桌就餐，吃同样的饭菜。[3]

然而，周恩来和家人一起过年的机会并不多。侄子周保章1961年曾在西花厅和周恩来过了一次除夕，这次团圆真实记录了周恩来吃年夜饭的情况。

那天，周恩来把在京的亲属、工作人员都请到西花厅，足足摆了三大桌。人都坐好了，只见工作人员端上了热气腾腾的大包子和黄澄澄的小米稀饭。宴会主持人邓颖超意味深长地说："为

---

[1] 周保章、周晓瑾主编：《年年岁岁海棠开——总理家人的亲情追忆》，济南：山东人民出版社，2013年，第77页。
[2] 曜歌：《周恩来的三顿年饭》，《领导科学论坛》2014年第4期。
[3] 高新民、严书瀚主编：《共产党员人生讲堂·家庭美德课》，长春：吉林出版集团，2013年，第106页。

什么今天请大家吃小米稀饭呢？因为中国革命是小米加步枪打出来的；为什么吃包子呢？因为中国共产党和毛主席领导我们推翻三座大山，建立新中国，人民生活有了改善，所以今天能吃到肉包子，我们不能忘记党的恩情。"[1]

大年初一中午吃饭时，工作人员端上桌的是一碟窝窝头，共四个，都是玉米面做的，做法也和普通百姓家一样，只是个头比民间的要小一点。周保章感到奇怪，没想到大过年的，不包饺子却吃窝窝头。邓颖超对他说："这是我和你伯伯吃的，你是客人，请吃客饭。"[2]她随即用手一指，示意周保章去盛大米饭吃。可周保章那顿饭怎么也没吃好，每一口米饭都感觉难以下咽。

周恩来的言行有着无言的感召力。他刚搬进中南海时，新居年久失修，墙壁变黑，柱子已破裂，地面潮湿，窗户有许多洞。建筑和装修工人建议他修缮一下，他总是拒绝，所以身边的工作人员不得不趁他出国的机会，对他的房屋做了改进。一次他回来时，注意到他不在时工作人员挂上了新窗帘，便当即命令把破旧的窗帘重新挂上。邻近的车库横梁坏了，周恩来也不让换，他说："在中国现实的贫穷状况下，应更好地把资源用在其他方面，如果好好支撑一下，这根梁一定还可以用几年。"[3]

1959年，在"大跃进"氛围中，水利部未经报告请示，安排人在密云水库附近兴建了一座水利建设成就展览馆。一天，在

---

[1] 周保章、周晓瑾主编：《年年岁岁海棠开——总理家人的亲情追忆》，济南：山东人民出版社，2013年，第268页。

[2]《那些年，中南海里的年夜饭》，《解放日报》2014年1月24日。

[3] [英]迪克·威尔逊：《周恩来传（1898—1976）》，萨夏等译，文燕校，北京：中共中央党校出版社，1989年，第182页。

西花厅开会时，周恩来突然转头问当时的水利部副部长钱正英："贺老总告诉我，你们在密云水库那里修一个相当高级的楼，有没有这回事？"钱正英回答："有，是一座水利展览馆。"周恩来沉默了一会儿，摇摇头轻声说："没有想到你们也会办这种事。"[1]钱正英听后羞愧得无地自容，心里像刀割一样难受。回到水利部后，钱正英立即在党组会上将周恩来的批评做了传达。水利部党组随即研究决定，将这座建筑无偿转让给第一机械工业部某研究所，并向党中央写了一份深刻的检查报告。

周恩来对自己和家人严格要求，是为了让人民群众能更加幸福地生活。他常说："我们要防止奢侈、铺张，不然将会脱离人民的爱好。美是要有条件的，人民的生活要一天天提高。如果你不按照这个规律，就要脱离群众。"[2]"我们必须了解，增加生产对于我们全体人民，对于我们国家，是具有决定意义的。只有生产不断地增加，不断地扩大，才能逐步地克服我们人民的贫困，才能巩固我们革命的胜利，才能有我们将来的幸福。一切破坏经济纪律、劳动纪律、财政纪律和损害公共财产、浪费国家资金的现象，在我们这里都是不能容许的。"[3]人民福祉是周恩来处理国事、家事的根本归宿。

周恩来1976年1月8日去世后，曾任其卫士的高振普整理了周恩来和邓颖超两人的工资收入和支出账目。经过整理发现，收入只有单一的工资和工资节余部分存入银行所得的利息，别无

---

[1] 侯树栋主编：《一代伟人周恩来》，北京：中国青年出版社，1998年，第385页。

[2] 赵春生主编：《周恩来文化文选》，北京：中央文献出版社，1998年，第122页。

[3] 中共中央文献研究室编：《建国以来重要文献选编》（第五册），北京：中央文献出版社，2011年，第522—523页。

其他款项进账；而支出的项目比收入的项目要多一些，包括伙食费、党费、房租费、订阅报纸费、零用费（购买生活用品）和补助亲属及工作人员的特支费用。高振普回忆说：从有记载的1958年算起，截止到1976年，两人共收入161442.00元，其中，用于补助亲属的36645.51元，补助工作人员和好友的共10218.67元，合计46864.18元，超过两人总收入的四分之一。[1]

高振普还透露说，20世纪60年代，周恩来的月薪是404.80元，邓颖超的月薪是342.70元，合起来是747.50元，在领导人中收入算是不少的。由于周恩来和邓颖超没有亲生子女，他们便经常把剩余的钱拿出一部分补助他人。在高振普到西花厅工作期间，他们曾三次交党费共计14000元。周恩来去世后，两人合计积蓄5709.80元。这以后，邓颖超个人还交过3000元党费。[2] 20世纪80年代，随着工资的调整，邓颖超收入增加，最高达到过每月706.50元，但她仍然坚持艰苦朴素的生活，仍然帮助有困难的亲属和工作人员，对执勤部队进行生活补助，捐赠希望工程、亚运会等。

在革命年代，周恩来穿着补丁缀补丁、破花压旧絮的"百衲衣"，它伴随周恩来走过了无数烽火岁月。新中国成立20多年后，人们的物质生活得到改善，而周恩来仍自觉过着俭朴的生活。"百衲巾""百衲被"和"三代裤"，无疑都是周恩来伟大的共产主义品德和无产阶级革命精神的真实见证。周恩来生前说过，半丝半缕恒念物力维艰，愿这种艰苦朴素作风能够代代相

---

[1] 高振普:《周恩来卫士回忆录》, 北京: 解放军出版社, 2014年, 第129页。
[2] 同上书, 第129、130页。

传,直至永远。

朱德:朴素浑如田家翁

中国共产党老一辈革命家朱德,终其一生都保持着勤俭节约的优良作风。无论是在革命战争年代,还是和平建设时期,他的穿着都十分简朴,饮食都非常简单。在自己勤俭的同时,他还教育亲友和身边人从点滴做起,培养节俭的习惯。在朱德看来,只追求个人享受,不愿意艰苦奋斗,"是一种最危险的现象",而依靠"勤劳和节俭",则能"在原来很落后和贫穷的一个东方大国的土地上,建成一个先进和富强的社会主义国家"[1]。

革命战争年代,作为中国工农红军、八路军和中国人民解放军的领导人,朱德始终和战士一起过着艰苦朴素的生活。爱国将领续范亭曾经这样评价朱德:"时人未识将军面,朴素浑如田家翁。"[2]无独有偶,美国联合社记者伊斯雷尔·爱泼斯坦第一次见到朱德时,难以相信,他看上去更像是任何人的父辈:"在辛辛苦苦干了一整天的活儿以后,心满意足地回到家里,解开衣扣,放松地靠在一边,笑眯眯地和你交谈。"[3]

新中国成立后,朱德长期担任党和国家领导人,但他依然保持着简朴的作风。他有两件较好的外衣,但只在参加重要国事活

---

[1] 中共中央文献编辑委员会编:《朱德选集》,北京:人民出版社,1983年,第366页。

[2] 续范亭:《续范亭诗文集》,上海:上海人民出版社,1958年,第29页。

[3] 伊斯雷尔·爱泼斯坦:《突破封锁访延安——1944年的通讯和家书》,张扬等译,北京:人民日报出版社,1995年,第46页。

动或外出时才穿，一回到家里，仍换上旧衣服。他在家里常穿的衣服，已经洗得发白，领口和袖口都打了补丁。有的衣服实在太破，不能再补，他还舍不得扔掉，要求两件拼成一件。[1]

一次，妻子康克清未经朱德同意，把裁缝师傅请到家里，准备为他做身新衣服。朱德见到裁缝师傅后，讲起了勤俭建国、勤俭持家的道理："衣服被子只要干净就好，补补能穿能盖，何必买新的？给国家节约一寸布也是好的。这比战争年代好多了，那时候一件衣服得穿多少年！"[2] 无奈之下，工作人员只好出面帮助康克清解释，说是为了他外出参加活动时穿，朱德才勉强同意。

在革命战争年代，朱德作为高级领导，从来没有特权思想，一向与官兵同甘共苦。在中央苏区时期，朱德被子里的棉花都睡成了硬片子，他也舍不得换新的，实在太冷，就往里塞点稻草御寒。[3] 他有一套浅蓝色丝绸面的棉衣，补丁挨着补丁，不知穿了多少年，一直舍不得丢弃。这套棉衣外边罩一套制服，他照样年年穿它过冬。一直到1960年以后，这套棉衣实在无法再补了，他才换了一套新的。[4] 朱德逝世后，人们在他的遗物中发现了一条补了又补的衬裤，补丁多达17处；衣服上的小孔洞还没有填

---

[1] 刘志辉：《"勤俭建国家，永久是真言"——朱德的勤俭节约之风》，《党的文献》2013年第4期。

[2] 朱敏：《回忆我的父亲朱德委员长》，北京：中国少年儿童出版社，1978年，第92页。

[3] 黄德锋：《朱德红色家风及其时代价值》，《毛泽东思想研究》2018年第4期。

[4] 朱和平：《永久的记忆：和爷爷朱德、奶奶康克清一起生活的日子》，北京：当代中国出版社，2004年，第297页。

补；一张白麻纱贴花床罩一边已朽烂，罩面上有6处补丁。[1]朱德就是靠这些破旧的衣服和床单度过了自己的晚年生活，不禁让旁人肃然起敬。

朱德的饮食也非常简单。三年困难时期，他每顿饭差不多都是一碗米饭、一盘素菜、一盘有几片肉的荤菜、一小碗汤。尽管如此，他还要求在米饭里掺些杂粮。[2]朱德曾经告诫厨师："我们这些人过去都是农民，是吃粗粮、小（青）菜长大的，身体也很健康。我不让你每天做大鱼大肉，不是怕花钱，主要是要养成俭朴的习惯，一切从六亿人民出发，生活上不要太超乎老百姓生活水平之上。"[3]"国家领导人就更要想着国家，能节约一点就节约一点。"[4]朱德每个月还要亲自检查家里的伙食账本。

朱德在家里如此，去各地视察也是如此。

朱德外出视察，都要求按照规定用餐，从不接受吃喝一类的招待。1957年，朱德到云南视察。开始几天，接待部门遵照朱德的要求，饭菜十分简单。后来，云南省委检查接待工作，发现朱德每天的伙食费用大大低于规定标准，他们担心影响朱德的健康，便要求接待部门改善伙食，做一些营养价值高的食物。第二天，一碗"燕窝煮鸽蛋"端到朱德面前。朱德很不高兴，询问接待人员："我们每天吃得很不错了嘛，群众能这样吗？为什么要

---

[1] 朱舒坤：《朱德的"五心"家规》，《中国纪检监察》2016年第6期。
[2] 朱和平：《永久的记忆：和爷爷朱德、奶奶康克清一起生活的日子》，北京：当代中国出版社，2004年，第71页。
[3] 《回忆朱德》编辑组编：《回忆朱德》，北京：中央文献出版社，1992年，第398—399页。
[4] 金冲及主编：《朱德传》（修订本），北京：中央文献出版社，2006年，第778页。

弄这种高贵东西？"在得知原因后，朱德说："这次燕窝的钱我出，下次再弄我罢你的吃！"[1]朱德"罢吃"的，不仅仅是燕窝"这种高贵东西"。1958年，朱德到新疆伊犁考察工作，吃饭时看见接待人员要开酒瓶子，他便说："不要开了，都是自己人，又不是外宾，不要浪费了。"[2]有时候，当地准备的菜多了几样，朱德就有些不自在，于是便婉转地批评道："这么多菜！这里大概没有经过反浪费吧？"[3]

朱德不但自己勤俭节约，对子女的要求也如是。对粮食，朱德不允许有丁点浪费。吃饭时，他常常提醒家里的孩子，吃多少盛多少，要把饭吃干净，不要在碗里剩下米粒。[4]朱德还教女儿朱敏勤俭持家的方法，要求她每个月有计划地把一些钱存到银行，认为"这对国家有好处，对自己也方便，有急需的时候可以取出来用，也可以支援生活上有困难的同志"[5]。有时，朱德还会突然询问子女油盐酱醋和各种米面的价格，借此考察他们是否会过日子。

1963年12月26日，朱德给儿子朱琦、儿媳赵力平写了两张内容相同的条幅，要求他们"发奋图强，自力更生，勤俭建

---

[1]《人民的光荣——朱德委员长光辉战斗的一生》（二），北京：北京师范大学出版社，1977年，第453页。
[2] 同上书，第492页。
[3] 同上。
[4] 朱和平：《永久的记忆：和爷爷朱德、奶奶康克清一起生活的日子》，北京：当代中国出版社，2004年，第71页。
[5] 朱敏：《回忆我的父亲朱德委员长》，北京：中国少年儿童出版社，1978年，第95页。

国,勤俭持家,勤俭办一切事业"[1]。朱德告诉子女:"勤俭持家,是中国劳动人民的美德。现在我们这样提倡,是为了建设社会主义,不丢掉艰苦奋斗的老传统。你不但要自己勤俭持家,还要教育孩子们永远保持勤俭的习惯。"[2]

新中国成立后,随着生活条件的改善,一些人中间滋长起奢侈浪费的风气。有些年轻人没吃过苦,认为在新社会里就应该享福,于是只追求个人享受,不愿意艰苦奋斗。对于这些人,朱德主张加强勤俭教育,"特别是一些家庭生活比较富裕的少年儿童,这方面的教育更为迫切需要"[3]。1957年,朱德给少年儿童题词强调:"勤劳和节俭,是建成社会主义的根本道路。希望我国的少年儿童,努力学好劳动的本领,准备承担起勤俭建国的伟大责任。"[4] 他还告诫说:"有些同志总说房子挤、房子不好,其实我们过去在山沟里的时候,成千成百人住在一个小村子里,也还觉得不算挤,可是到了北京这样大的城市,却说房子不够住了。这看来好像是个小问题,其实却反映了一种严重的思想状况,应引起我们的严重注意,否则,发展下去就有蜕化的危险!"[5]

---

[1] 吴殿尧主编:《朱德年谱(新编本)》(下册),北京:中央文献出版社,2006年,第1894页。

[2] 朱敏:《回忆我的父亲朱德委员长》,北京:中国少年儿童出版社,1978年,第110页。

[3] 中共中央文献编辑委员会编:《朱德选集》,北京:人民出版社,1983年,第368—369页。

[4] 《人民的光荣——朱德委员长光辉战斗的一生》(三),北京:北京师范大学出版社,1977年,朱德手迹部分。

[5] 中共中央文献编辑委员会编:《朱德选集》,北京:人民出版社,1983年,第286—287页。

与此相映成趣的是，当朱德看到亲友和身边工作人员自己动手开展劳动时，就显得十分高兴。在表扬的同时，他不忘告诫大家："每个人都要锻炼，要能吃苦，有朴素作风。人们都是'从俭入奢易，由奢入俭难'。""旧习气不可能一下子除掉，沾染旧习气也很容易。如果不养成朴素、节约的习惯，生产无论怎样发展，人们的欲望也是难于满足的。"[1]

朱德主张，个人应该注重养成勤俭的习惯："衣、食、住、行以及日用等方面，无论是现金和物资，凡是可以不花的，就尽量不花；凡是可以少用的，就尽量少用，节省下来的现金和物资，都应当储蓄起来。这样日积月累，就是一个很大的数目。"[2]因为"一人浪费一点不得了，一人节约一点就是一个很大的数字"[3]。

作为新中国的开国元勋之一，朱德带头厉行节俭、克己奉公，时刻关心着国家和人民，在党性修养和人格风范上给我们留下了宝贵精神财富。正如习近平总书记所言："我们纪念朱德同志，就是要学习他心系人民、艰苦朴素的公仆情怀。"[4]一定意义上可以说，勤俭之风盛行，还是奢靡之风泛滥，关系着党领导的中国特色社会主义事业的兴衰成败。

---

[1] 金冲及主编：《朱德传》（修订本），北京：中央文献出版社，2006年，第777页。
[2] 中共中央文献编辑委员会编：《朱德选集》，北京：人民出版社，1983年，第369页。
[3] 吴殿尧主编：《朱德年谱（新编本）》（下册），北京：中央文献出版社，2006年，第1981页。
[4]《习近平在纪念朱德同志诞辰130周年座谈会上的讲话》，《人民日报》2016年11月30日。

陈云：浪费和贪污一样都是犯罪

老一辈革命家陈云素有共和国"掌柜"之称誉，但难以想象的是，作为党和国家的经济先驱，陈云一路筚路蓝缕，始终保持着艰苦朴素、勤俭节约的作风。他逝世后，据身边的工作人员统计，"一生积余只有不足两万元的稿费"[1]。

无论是对自己，还是对身边人，陈云都追求朴素、节约的作风，这体现在吃、穿、住、行等各个方面。陈云的饮食非常简单，每顿都是粗茶淡饭。他的要求是够吃就行，不能浪费。每次吃完饭，他碗内不留米，甚至盘底的剩汤他也要喝掉。他很少请客和参加宴会，更不吃奢侈的美味。他曾说："鱼翅海参是山珍海味，太贵了，吃不起呀！以前是地主吃的。"[2]对此，陈云的厨师也"抱怨"说："首长一年到头就吃那几样普通的家常菜，我这个技术也提高不了。"[3]朴素的陈云竟让厨师发起了"牢骚"，就是因为他从不吃所谓的"高级菜"。

一次，陈云到浙江杭州视察。因当天正逢他生日，于是厨师"先斩后奏"，准备了些海参、鱼翅和燕窝，想利用这个机会给他补充一些营养。可服务员刚端上一小碗鱼翅，陈云就连连摆手，并显露不悦之色。在座的人看到后，都劝他不要"浪费"了这碗已经做好的鱼翅。陈云一听这么说，更不高兴了："这东西不能

---

[1] 周海滨：《女儿陈伟华回忆父亲陈云：只有稿费积蓄的"新中国掌柜"》，《中国经济周刊》2009年第47期。

[2] 蒋永清：《陈云同志的家风》，《学习时报》2017年2月6日。

[3] 张黎明主编：《我的父辈：开国元勋、开国将帅、开国功臣后代深情回忆》，上海：上海人民出版社，2009年，第37页。

吃,全国还有人没过上温饱日子哩。今天宁肯浪费一次,为了下次不浪费,不然你们以后又会找一个借口给我做。"[1]

20 世纪 90 年代的一个除夕夜,上海市委一位地方负责同志到陈云家中给陈云拜年。这时陈云正在吃饭,桌上只放着一盘豆腐和一盘炒荷兰豆,他吃得津津有味。见此情景,这位地方负责同志不禁感慨:"这就是我们国家领导人的年夜饭啊!"[2]

既然陈云如此艰苦朴素,那他是不是不讲究"吃"呢?其实,陈云是很讲究"吃"的。国家经济困难时期,他早饭吃稀粥、馒头、花卷,再加一点咸菜;午饭、晚饭吃炒菜,加极少量的肉、蛋。改革开放时期,他的菜单也有了微调:早餐是豆浆、面包、果酱和稀饭;午餐是一个肉菜、一个蔬菜;晚饭是一份蔬菜、一个烧豆腐,主食米饭。[3]这是陈云每天三餐的基本安排,几十年来都认真实行,很少破例。有一次,他在杭州过春节,工作人员问他要不要改善一下伙食,多做几道菜尝尝,陈云幽默地回答说,我天天过年,中午吃"楼外楼",夜饭吃"天外天"。大家听了都哈哈大笑起来。因为大家都知道,杭州的"楼外楼"是以做西湖鱼闻名的餐馆,灵隐寺的"天外天"则是以素菜著称的餐馆,陈云这样说,意味着还是按老食谱吃,午餐一荤一素,晚餐一豆一蔬。[4]

---

[1]吴志菲、余玮:《触摸红墙:走近伟人身边》,北京:中共党史出版社,2006年,第93页。

[2]陈云故居暨青浦革命历史纪念馆编:《走近陈云——口述历史馆藏资料辑录》,北京:中央文献出版社,2008年,第251页。

[3]吴跃农:《陈云:给人吃好饭》,《党史纵横》2003年第9期。

[4]施宝华:《陈云同志的饮食生活——记于若木同志一席谈》,《瞭望新闻周刊》1995年第31期。

陈云身体较差，工作又劳累，很多人建议他多补充营养，增加蛋白质，以提高身体免疫力，但这些建议无一不被陈云坚决驳回。陈云的饭桌上很少见大鱼大肉。在他看来，"粗茶淡饭"并非不养人，只要调节合理，就是最好的饮食。因此，他强调科学的饮食结构。素有"植物肉"之称、物美价廉的豆制品是陈云的最爱，富含多种维生素、具有各种身体调节功能的萝卜、冬瓜、苦瓜等蔬菜也受陈云青睐。[1] 陈云不仅自己吃得合理，还力求百姓吃得好。他知道杭州豆腐外观又白又嫩，吃起来口感也好，就建议上海的师傅到杭州取经，回来后将上海豆腐加以改进。他谈到豆制品在人民生活中的重要性时说：

1937年，我们接应李先念率领的西路军到达乌鲁木齐。那时条件很艰苦，我们还设法挤出点钱来，保证大家每天有豆腐吃。三年困难时期，那时候吃饭都很紧张，别说肉、鱼、蛋了，更少。城市居民有许多人得了浮肿病，就是因为营养不足引起的。……那时全国有一亿城市人口，每年拿出30亿斤大豆，是完全可以办到的。这样就先在大中城市的6000万人口中，每人每天供应1两大豆，每月再供应半斤肉、半斤鱼。在当时的情况下，就用这些办法解决了城市副食供应的问题。人民群众看共产党对他们到底关心不关心，有没有办法解决生活问题。这是政治问题。[2]

---

[1] 林建公：《陈云的长寿之道》，《今日科苑》2005年第8期。
[2] 赵天元：《在陈云身边的十年：记一位伟人的晚年生活》，北京：中央文献出版社，2005年，第195页。

除饮食节俭外，陈云在日常生活上也很简朴，不追求个人享受。"他的生活用品非常简单，盥洗室水池是漏斗式的，下面放个桶，洗头时低着头，用一大瓷缸水从上面浇下去，就算喷头了。""他用的铅笔实在握不住了才换掉，便条纸都是用台历的背面。""他经常提醒家人要节约每一度电、每一滴水。他喝水时能喝多少倒多少，从不随意把水倒掉。"[1]

陈云有一件棉坎肩，是1946年他在临江任辽东军区政委时军区参谋长特意请人缝制的。这件棉坎肩，陈云穿了38年，上面打了32个补丁。陈云在1952年出访苏联、1956年出访越南前夕，分别做了一套藏青色的和一套灰色的毛料中山装。这两套服装，也只是他在接见外宾或参加重要活动时才穿，活动一结束，就赶紧收起来。天长日久，有的部位磨损了，他就请夫人于若木缝补，实在补不好了，就送店里织补。这两套服装，陈云穿了30多年。[2]于若木和工作人员曾商量给他重新做一套新的，陈云不同意，认为补一补还可以穿。对此，他的女儿陈伟华说："至今想起爸爸，他对物质的需求总是那么低，常常教育我们要艰苦朴素，不许搞特殊化。"[3]

陈云对居住的要求也不高。据女儿陈伟华透露，从1949年进京始，陈云在北京西城区北长街58号的老房子里住了整整30年。由于房屋年久失修，经常漏雨，"当时机关行政部门提出要

---

[1] 蒋永清：《陈云同志的家风》，《学习时报》2017年2月6日。
[2] 陈云故居暨青浦革命历史纪念馆编：《上海陈云研究》，上海：上海社会科学院出版社，2014年，第43页。
[3] 徐建平主编：《陈云纪念馆：陈云的故事》，南京：南京出版社，2014年，第88页。

大修,爸爸不同意,说,'房子大修要花许多钱,只要不漏雨就行了'。"[1]后来,后勤部门考虑到房内很多墙皮脱落,走道和楼梯上的地毯已经磨光,又提出要大修。陈云仍然不同意,觉得不影响办公,没必要修,结果又没修成。

陈云简朴的生活作风源于他崇高的精神境界。他常说:"一件商品到了消费者的手里时,看似很容易。可谁想过,它经过了多少道工序?它用了多少资源和能源?它又让劳动者付出了多少心血?如果我们大家都能处处节约一点,这也是支援了国家建设……浪费和贪污一样都是犯罪。"[2]他还对家人说:"以前人们好讲我国是一个'地大物博'的国家,其实我们的'地'并不大,'物'也不博,只是我国的人口比别的国家多就是了。我国的资源就这么多,大家都要节省一点用,我们都要当'孝子'。我们这些现代人要'孝顺'我们的儿子、孙子——子子孙孙的后代,我们不能吃光、用光,让子孙们'逃亡'。"[3]女儿陈伟华回想起与父亲在一起的时光,印象最深的也都是谈艰苦朴素:"爸爸的艰苦朴素是出了名的。"[4]

2016年12月12日,习近平总书记在会见第一届全国文明家庭代表时说,勤俭持家等中华民族传统家庭美德,"铭记在中国人的心灵中,融入中国人的血脉中,是支撑中华民族生生不息、

---

[1]周海滨:《女儿陈伟华回忆父亲陈云:只有稿费积蓄的"新中国掌柜"》,《中国经济周刊》2009年第47期。

[2]陈云故居暨青浦革命历史纪念馆编:《走近陈云——口述历史馆藏资料辑录》,北京:中央文献出版社,2008年,第256页。

[3]蒋永清:《陈云同志的家风》,《学习时报》2017年2月6日。

[4]张黎明主编:《我的父辈:开国元勋、开国将帅、开国功臣后代深情回忆》,上海:上海人民出版社,2009年,第35页。

薪火相传的重要精神力量,是家庭文明建设的宝贵精神财富"[1]。不忘初心,方得始终。艰苦朴素是党的优良作风,勤俭节约是党的优良传统。它是一种品格、一种风尚、一种力量,更是每一名党员、每一个家庭应该长期坚持的高贵美德。

---

[1] 习近平:《在会见第一届全国文明家庭代表时的讲话》,《人民日报》2016年12月16日。

六　应该用铁的纪律来要求亲人

中国共产党在成立之初，就高度重视纪律和规矩建设，将其作为保持先进性和纯洁性、增强凝聚力、提高战斗力的重要保障。党是在严酷斗争环境中成长起来的，守纪律、讲规矩是党在长期的革命、建设和改革时期所形成的优良传统与独特优势，也是老一辈革命家家风建设的重要内容。建党以来，中国共产党之所以能够历经千锤百炼，从苦难进至辉煌，具有严明的纪律和规矩是其中一个重要原因。

毛泽东：《蝶恋花》背后的保密故事

在长期的革命、建设实践过程中，毛泽东始终把严守纪律作为党的建设和家风建设的重要组成部分。他和妻子杨开慧浪漫的革命爱情故事里，留有许多保密工作的印记。

1921年7月，参加完中国共产党第一次代表大会后，毛泽东回到湖南，建立了中共湘区执行委员会，并担任中共湘区执行委员会书记，湘区工人运动因而蓬勃发展起来。同年秋，在中共湘区执行委员会成立后不久，杨开慧光荣地加入了中国共产党，成为最早的女党员之一。[1]不久,为了掩护毛泽东的活动,杨开慧毅然辞去了岳云中学的教师职务,接来母亲一起住在中共湘区执行委员会机关所在地——长沙小吴门清水塘22号。

这段时间,毛泽东集中力量开展工人运动,杨开慧则一直负责湘区党的机要工作和交通联络工作,并协助指导工人运动、学生运动和妇女运动。她不知疲倦地奔走于各个秘密联络点,接待各地来联系工作的革命同志,传送党的文件和毛泽东的指示。她还多次随毛泽东到长沙新河火车头修理厂铁路工会等地进行调查研究工作,为工人夜校讲课。此外,杨开慧还经常帮助毛泽东草拟签发文件,整理材料,辛勤处理区委机关的大量日常事务,并常常为深夜前来开会的人站岗放哨。

1923年1月,陈独秀因着手筹备党的三大,决定调毛泽东到中共中央工作,派李维汉回湖南接替中共湘区执行委员会书记一职。4月,毛泽东安排好湘区工作,离开杨开慧和刚刚半岁的儿子毛岸英,秘密前往上海。[2]1927年8月31日,根据中国共产党八七会议精神,为武装反抗国民党的血腥屠杀,毛泽东赴湘赣边领导秋收起义,带着三个孩子的杨开慧没有随行。后来,根据革命形势,毛泽东率部上了井冈山,夫妻二人从此失散。

1930年秋,白色恐怖笼罩长沙,湖南军阀何键悬赏1000银元捉拿杨开慧。杨开慧深知敌人绝不会放过自己,为防备万一,她将党的文件和材料密封在一只煅烧有"囍"字的蓝花瓷缸内,

---

[1] 张民主编:《毛泽东家系》,北京:中央民族大学出版社,2003年,第51页。
[2] 中共中央文献研究室编:《毛泽东传》(一),北京:中央文献出版社,2011年,第91页。

埋在叔叔的菜园里。[1]

10月24日,杨开慧不幸被捕。在狱中,敌人五次提审杨开慧,强迫她交出地下党组织人员名单和与毛泽东秘密联络的通讯地址。狡诈的何键还表示,只要杨开慧同意登报声明与毛泽东脱离夫妻关系,就可交保释放。但杨开慧的回答斩钉截铁:"我死不足惜,惟愿润之的事业早日成功!"[2] 11月14日,杨开慧于浏阳门外识字岭英勇就义。

杨开慧的牺牲,是一代伟人毛泽东心中永远的痛楚。1957年2月,杨开慧好友李淑一的来信勾起了毛泽东内心世界难以平息的情感波澜,他满怀深情地写下《蝶恋花·答李淑一》,表达对杨开慧的无限思念:

> 我失骄杨君失柳,杨柳轻飏直上重霄九。
> 问讯吴刚何所有,吴刚捧出桂花酒。
> 寂寞嫦娥舒广袖,万里长空且为忠魂舞。
> 忽报人间曾伏虎,泪飞顿作倾盆雨。[3]

杨开慧宁死也不吐露秘密的故事背后,反映的是他们无处不在的纪律观念。早在1938年秋,毛泽东在党的六届六中全会上总结同分裂主义做斗争的经验教训时就阐明了党的纪律,强调:

---

[1] 朱柏林、孙敏坚:《杨开慧:"死不足惜,惟愿润之革命早日成功"》,《新湘评论》2018年第14期。

[2] 白云涛主编:《中华女杰》(近代卷),成都:四川人民出版社,2013年,第87页。

[3] 胡为雄:《毛泽东诗传》,北京:中共中央党校出版社,2014年,第191页。

"共产党员的先锋作用和模范作用是十分重要的。共产党员在八路军和新四军中，应该成为英勇作战的模范，执行命令的模范，遵守纪律的模范，政治工作的模范和内部团结统一的模范。""必须对党员进行有关党的纪律的教育，既使一般党员能遵守纪律，又使一般党员能监督党的领袖人物也一起遵守纪律。"会议决定重申党的"四个服从"的组织原则，认为"谁破坏了这些纪律，谁就破坏了党的统一"[1]。极其严格的纪律观念养成了毛泽东严守纪律的好习惯。

毛泽东严守纪律的例子还有不少。1929年2月9日，毛泽东和朱德、陈毅率领红四军主力来到江西瑞金大柏圩，住在王家祠。当晚，毛泽东和朱德正在油灯下研究作战计划，一名战士进来报告说，有几位过去饱受兵荒马乱之苦的商人送来一包东西，留下一张纸条就走了。毛泽东等人打开包一看，里面竟是白花花的银元，纸条上写着："红军长官尊启：贵军大驾光临，有失远迎，不胜惶恐，为表薄意，敝商号特奉上银元四百五，敬恳收入勿辞。"[2]落款是大柏圩小商号郑某、陈某和曾某。

毛泽东看后说："这些商人把我们看成是国民党反动派的军队，以为我们红军也会抢他们的商店，侵犯他们的利益。这都是敌人放谣言破坏的结果。我们红军刚开到赣南，一定要执行保护商人利益的政策，维持地方正常秩序，把革命根据地建立起来。"[3]

---

[1] 毛泽东：《毛泽东选集》（第二卷），北京：人民出版社，1991年，第528页。
[2] 蒋建农主编：《毛泽东全书》（第一卷），石家庄：河北人民出版社，1998年，第502页。
[3] 孟红、唐越：《或婉拒或付款或交公——开国元勋是怎样对待礼物的》，《党史文汇》2013年第5期。

于是，毛泽东、陈毅一行提着马灯，挨家挨户地寻访送银元的商铺老板。当着他们的面，毛泽东等说明了红军和白军的根本区别，宣讲了红军的各项纪律和政策，表明了"退礼"之意。了解情况后，商人这才放下心来，高高兴兴地收回了银元。

另外，1932年10月召开的宁都会议也是毛泽东严守纪律的典型例子。在这次会上，"左"倾冒险主义路线的执行者对毛泽东展开了激烈的批评，认为红军没有攻克江西赣州的原因，是毛泽东等人没有坚决执行他们的命令。他们还指责毛泽东在江口会议上提出的向赣东北方向发展是"纯粹的防御路线"，是对执行中央"积极进攻路线"和"夺取中心城市"方针的"消极怠工"，是"上山主义""东北路线"，并造成了"领导不统一"，把毛泽东提出的"诱敌深入"斥为"守株待兔""专去等待敌人进攻的右倾主要危险"，是"等待观念错误"[1]。会议通过的《苏区中央局宁都会议经过简报》对此写道："会议中批评泽东同志认为早应北上，过去7个月都错误了之不正确观点，指出这是动摇并否认过去胜利成绩，掩盖了领导上所犯错误。……会议中批评了泽东同志过去向赣东发展路线与不尊重党领导机关与组织观念的错误，批评了前方同志对革命胜利估计不足，特别指出泽东同志等待观念的错误，批评了总政治部对有政治问题的人采取了组织上自由主义与组织观念的错误，开展了中央局从未有过的反倾向的斗争。"[2]

---

[1] 逄先知、金冲及主编：《毛泽东传》（一），北京：中央文献出版社，2010年，第299页。

[2] 中央档案馆编：《中共中央文件选集》（第八册），北京：中共中央党校出版社，1991年，第530页。

在苏区中央局召开会议期间，中共临时中央政治局常委会也于 10 月 6 日开会讨论苏区中央局的问题。会议批评了毛泽东的"分散工作的观点"是"保守、退却"，强调对毛泽东应"与之作坚决斗争。"中共临时中央政治局常委会的电报，使宁都会议对毛泽东的批判愈演愈烈，那些反对毛泽东的人当即依据电报指示，提出毛泽东回后方"负中央政府工作责任，由周恩来负战争领导的总责"[1]。

然而，面对这样的决定，毛泽东并没有怨天尤人，更没有反抗。实际上，当时红军中不少干部都是毛泽东培养出来的，而"左"倾中央刚到苏区不久，根基并不牢固，如果毛泽东动用军队，挑战中央权威，也不是不可能的。但是，他没有这么做，还是遵守他提出来的"党指挥枪"的原则，服从中央的决定。他对王稼祥说：算了吧，我们是少数，还是服从多数吧！他对送别的周恩来表示，前方军事急需，何时电召便何时来。[2]

即便是在李立三"左"倾冒险主义错误统治中央的时期，毛泽东也是严守纪律的模范。当时，在敌强我弱的形势下，李立三要毛泽东攻打湖南省会长沙，毛泽东虽不理解，但仍然服从命令。在屡攻不下、人员伤亡惨重的情况下，毛泽东才不得不率部退回到株洲。当时，毛泽东明知强攻长沙会有风险，依旧听从李立三的命令，显然是有着组织纪律的考虑。在党的六大上，李立三当选中央政治局常委，一段时期内是党的实际负责人，而毛

---

[1] 逢先知、金冲及主编：《毛泽东传》（一），北京：中央文献出版社，2010 年，第 300 页。

[2] 同上。

泽东在党的六大上只是一个中央委员。党中央的决定，作为中央委员的毛泽东显然必须服从。后来李立三又要求毛泽东攻打南昌，汲取了前一次的教训，这次毛泽东没有机械执行李立三的命令，而是采取了"不打南昌打吉安"的决定，从而避免了更大的损失。

毛泽东的严明纪律观念还体现在长征过程中。遵义会议后，1935年3月10日，在行军过程中，林彪、聂荣臻致电军委，建议攻打打鼓新场。当天，张闻天在鸭溪召开中央政治局扩大会议，讨论要不要发动"打鼓新场战斗"的问题。到会的大多数人都主张打，但毛泽东却主张不打。他认为，红军3月12日才能赶到打鼓新场，届时滇军也赶到那里同黔军会合，同时川军可侧击红军，战局对我方不利。[1]但他未能说服众人，大家还是坚持要攻打打鼓新场。由于毛泽东在会议上有不同意见，他刚担任没多久的前敌总指挥职务便被撤销，改由彭德怀暂代。面对这样的决定，毛泽东没有怨天尤人、自怨自艾。在散会以后，他实在放心不下，深感攻打打鼓新场会给红军带来极大损失，于是连夜提着马灯去找周恩来，建议他晚一点发攻击的命令，再慎重想一想。周恩来采纳了毛泽东的意见。第二天一早，毛泽东和周恩来在会上把大家说服了，军委立即给一、三、五军团发出《关于我军不进攻打鼓新场的指令》。

这件事在毛泽东的记忆里留下了很深的印象。20多年后的1959年4月5日，毛泽东在中共八届七中全会上讲"工作方法"

---

[1] 程中原：《转折关头：张闻天在1935—1943》，北京：当代中国出版社，2012年，第41页。

的第一条"多谋善断"时,还拿这件往事来做例子。他说:"比如苟坝会议,我先还有三票,后头只有一票。我反对打打鼓新场,要到四川绕一个圈,全场都反对我。……你们不听,我服从,没有办法。散会之后,我同恩来讲,我说,不行,危险,他就动摇了,睡了一个晚上,第二天又开会,听了我的了。"[1]从这些事例中我们也可看出,中央做出的决定或决议,即使存在问题或个人受到委屈仍要暂时服从。

周恩来:我肚子里还装着很多话没有说

除毛泽东外,周恩来对纪律的重视也为人津津乐道。邓颖超在《一个严格遵守保密纪律的共产党员》一文中曾说:"结婚以后,恩来同志和我曾经协议,两人可以在一个地方或一个机关工作,但不要在一个具体部门共事。几十年来,我们都遵守了这个协议。现在看来,夫妇不在同一个具体部门工作是比较合适的。"[2]周恩来和邓颖超常常相互提醒,在任何情况下都要严格遵守党的纪律,保守党的机密。在他们看来,党的纪律对于每一个党员来说都绝无例外,越是负责的党员,越应该以身作则,自觉遵守纪律,严守党的机密。

1927年8月1日,中国共产党领导发动了震惊中外的南昌起义,打响了武装反抗国民党反动统治的第一枪。作为中国共产党

---

[1] 逄先知、金冲及主编:《毛泽东传》(五),北京:中央文献出版社,2010年,第1907页。

[2] 中共中央文献研究室编:《邓颖超文集》,北京:人民出版社,1994年,第274页。

独立开展革命武装斗争的起点，南昌起义之所以能够顺利地发动和进行，与起义领导者尤其是周恩来对情报工作的高度重视和周密部署是分不开的。在以周恩来为前委书记的中共前敌委员会的领导下，南昌起义从酝酿到各项准备工作都是在极其秘密的情况下展开的，这样既有利于保卫起义领导人的安全，又有利于起义的顺利发动。

开展军事行动，领导者必须高度重视情报保密工作。作为党的隐蔽战线的主要创始人和杰出领导者，周恩来深知严守机密的重要性。为保障起义的顺利进行，他率先垂范、以身作则，严格遵守保密纪律。

蒋介石、汪精卫背叛革命后，中共临时中央政治局常委会决定组织武装起义，对国民党予以反击。7月24日，周恩来、张国焘、加伦等在武汉举行会议，周恩来提议中央尽快决定以南昌起义的名义、政纲和策略，切实计划发动湘鄂赣和广东东江一带工农势力，并希望共产国际能够经由汕头给予军火和物资的接济。会议通过了上述提议，并规定了起义后部队的行动方向。

这次起义是极端机密的，严格遵守纪律，已是周恩来的习惯。临行前，他对邓颖超同样守口如瓶。邓颖超后来回忆说，南昌起义期间，周恩来在生离死别的时刻，仍然严守保密纪律，直到"要离开武汉的时候，在晚饭前后才告诉我，他当晚就要动身去九江。去干啥，呆多久，什么也没有讲。我对保密已成习惯，什么也没有问。当时，大敌当前，大家都满腔仇恨。我们只是在无言中紧紧地握手告别。这次分别后，不知何日相会？在白色恐怖的岁月里，无论是同志间，夫妇间，每次的生离，实意味着死别呀！后来还是看了国民党的报纸，才知道发生了南昌起义"[1]。

不但如此，周恩来领导研制核武器一事也对邓颖超保密。早在1962年11月，为加强党对原子能事业的领导，经毛泽东批准成立了中共中央15人专门委员会（简称中央专委），周恩来为主任委员。[2]周恩来遵照毛泽东批示"要大力协同做好这件工作"[3]的精神，从两个方面着力推进原子能事业工作：一是抓紧核燃料建设生产和核武器研制；二是抓紧核试验基地建设和核武器试验准备。1964年4月11日，周恩来主持中央专委第八次会议，根据原子弹研制的进展情况，决定第一颗原子弹装置爆炸试验采用塔爆方式，要求二机部和国防科委在9月10日以前，做好第一次核试验的一切准备工作，并同意成立一个核试验委员会，由张爱萍担任主任，刘西尧担任副主任。[4]9月16日下午和17日上午，周恩来主持召开中央专委第九次会议，研究第一颗原子弹的正式试验时机和核武器继续发展问题。鉴于核武器试验在国际上十分敏感，根据国际形势和国内核燃料生产、二套核工业基地建设情况，周恩来提出，核试验时机要做两手准备：一是晚试，目前暂不试验，先抓紧三线建设，继续发展核技术，待机再试；二是早试，不惧怕核威胁，尽早进行核试验。[5]这需要请示毛泽东和中央政治局常委会决定。当然，无论是早试还是晚试，准备工

---

[1] 中共中央文献研究室编：《邓颖超文集》，北京：人民出版社，1994年，第275页。

[2] 高健民、宋炳寰：《周恩来与我国第一颗原子弹》，《百年潮》2014年第11期。

[3] 中共中央文献研究室编：《建国以来毛泽东文稿》（第十册），北京：中央文献出版社，1996年，第212页。

[4]《聂荣臻传》编写组：《聂荣臻传》，北京：当代中国出版社，2015年，第367页。

[5] 孟红：《周恩来这样严抓核爆安保工作》，《世纪风采》2017年第12期。

作都不能有丝毫松懈。

9月20日、21日，罗瑞卿、周恩来先后给毛泽东写了报告和书信，建议中央尽早选定首次核试验的时机。毛泽东在周恩来的信上当即批示："已阅。拟即办。"[1] 22日，在中央政治局常委会上，毛泽东进一步指出：原子弹是吓人的，不一定用；既然是吓人的，就早响。[2] 于是，周恩来第二天就召集贺龙、陈毅、张爱萍、郑汉涛、刘杰、刘西尧、刘柏罗等人，按照毛泽东决定早试的方案进行具体、严密、细致的部署。

9月23日，周恩来在主持研究首次核试验的会议上说："保密问题，不能假手许多人。我这次小病（指8月10日至20日因病住院做手术。——引者注），传得很广。""希望你们对家里人也不说，不要一高兴就说出去。邓颖超同志是老党员、中央委员，不该说的我不向她说。任何人不该知道的，不要知道。前几天开会的人，不一定通知。""我们决定这件事也只是常委，军委两位副主席，彭真同志。""这个时期就根本不要写信了。你们自己除公事以外，也不要为私人打电话。上梁不正下梁歪。你们今晚要开个紧急会，具体规定几条，从现在起就搞好保密，什么消息也不要漏出去。""你们两人（指张爱萍、刘西尧。——引者注）从今天起不要接见外宾了，埋头苦干，是无名的工作，决定了松不得。"[3]

---

[1] 逄先知、冯蕙主编：《毛泽东年谱（1949—1976）》（第五卷），北京：中央文献出版社，2013年，第409页。
[2]《罗瑞卿传》编写组：《罗瑞卿传》，北京：当代中国出版社，2007年，第256页。
[3] 金冲及主编：《周恩来传（1898—1976）》（下），北京：中央文献出版社，2008年，第1586—1587页。

张爱萍即于当晚组织有关人员研究落实周恩来在会议上的指示，并拟订了明密语对照表：正式爆炸试验的原子弹，密语为"老邱"；原子弹装配，密语为"穿衣"；原子弹在装配间，密语为"住下房"；原子弹在塔上密闭工作间，密语为"住上房"；原子弹插接雷管，密语为"梳辫子"；气象的密语为"血压"；原子弹起爆的时间，密语为"零时"。[1]后来，前后方联系就用这些密语进行。他们还决定，为了做好北京与核试验现场的联络工作，由二机部和国防科委安排人员组成一个临时机构，设在二机部办公大楼，代号为"177办公室"，由部长刘杰直接领导，负责与核试验现场密切联系，及时、准确地向中央有关首长及军内外有关部门报告有关信息，并向核试验现场传达中央领导的有关批示和指示。可见，整个核试验的进程是完全保密的，周恩来对此也做了专门强调。对于这次核试验的部署情况，张爱萍后来回忆说，1964年我国第一颗原子弹爆炸成功后，他在总理家中汇报工作。汇报完后，邓颖超埋怨说："你们说了好长时间的事原来就是原子弹试验，怎么之前连我也不告诉？"张爱萍笑着说："总理说这项工作要保密，我也不敢违反纪律呀。""总理带头做保密工作，是我们的榜样。后来我在实验场两次看到氢弹的当量是300万吨，但这个数字公开之前，不管谁问我是多少，我都没说过。"[2]对此，1981年4月13日，邓颖超在西花厅接见中央文献研究室周恩来研究组全体同志时也说："他的事从来不跟我讲，我的事情也从来不告诉他。""我们之间信守纪律。他不讲，我不

---

[1] 宋炳寰：《我国第一颗原子弹爆炸试验决策的经过》，《百年潮》2014年第7期。
[2] 孟昭瑞：《中国蘑菇云》，孟醒整理，沈阳：辽宁人民出版社，2008年，第55页。

问；我不讲，他也不问。例如，我国第一颗原子弹爆炸时，他也向我保密。他领导搞原子弹的消息我一点也不知道，只知道他很忙。他住的房子旁边是我住的房子，隔着一道墙。他的办公室和我的办公室隔着一个大厅，真是隔墙如隔山，有时连声音也几天几夜都听不见。"[1]

即使在"文化大革命"中，当党的纪律和保密制度遭到严重破坏时，周恩来仍然能以身作则。一次，周恩来出去开会，因为会太多，他一天一夜没回来。邓颖超听说街上的大字报和所传的小道消息里，已经透露了有关会议的内容，便有点怀疑，等周恩来回来后，邓颖超便问他有没有这回事。周恩来马上反问：你怎么知道的？听谁说的？邓颖超开玩笑地说：你参加会议，你有你的渠道，我有我的渠道，我联系群众，我也有我的"义务情报员"。[2]此事，他们俩就在一笑中过去了。在那个时候，人们都说没有什么机密可保，可是周恩来仍然守口如瓶、滴水不漏。

在周恩来最后的日子里，有一次，他和邓颖超在一起交谈时说："我肚子里还装着很多话没有说。"邓颖超也说："我肚子里也装着很多话没有说。"[3]在严守党的纪律、保守党的秘密方面，周恩来和邓颖超以身作则、身体力行，把没有说的话永远珍藏在了心底。

---

[1] 刘春秀：《党的机要保密工作的开拓者和奠基人——周恩来》，《保密工作》1993年第1期。

[2] 中央文献研究室第二编研部编著：《邓颖超自述》，北京：解放军出版社，2014年，第196页。

[3] 中共中央文献研究室编：《邓颖超文集》，北京：人民出版社，1994年，第278页。

朱德：每人只绑一只手行不行

在党的第一代领导集体中，朱德严守纪律的形象早已深入人心。作为共产党的高级领导干部，朱德在生活中从不向亲友讲党内和工作上的事情。他的外孙刘武曾深情地回忆道："他老人家的保密观念极强，有些密级很高的事情他连与他一起战斗一生的奶奶都不讲。很多事情我们也是从解密的资料中了解到的。"[1]

1933年8月，朱德带着两位警卫员从瑞金出发，到银坑检查工作。刚走不远，他们就遇到两个站岗的儿童团员。这两个孩子拦住走在前面的警卫员，要他们拿出路条接受检查。可警卫员出发时没有带路条，而站岗的孩子又斩钉截铁地表示必须有路条才能放行，这样，双方就尴尬地僵持在那里。

情急之下，朱德便走上前问其中一个孩子，如果没有路条他们该怎么办。孩子回答说，如果没有路条，他们就要被绑起来押送到县苏维埃。朱德想着早点去银坑，这么僵持下去也不是办法。这个规定是苏维埃政府定的，他不能带头违反，于是便问两个孩子是不是一定要绑手。两个孩子坚持一定要绑。朱德便说："那好，绑就绑吧。不过不要绑两只手，每人只绑一只手，行不行？"[2]

两个孩子商量了一下便同意了。于是，他们把朱德等人的左臂都捆绑起来，一行五人往县苏维埃走去。来到县苏维埃大门口时，县委书记正好出来，他看到站岗的儿童"押"着朱德过来，便急忙跑过去，一边给朱德松绑，一边斥责他们胡闹。

---

[1]《并不遥远的朱德家风》，《党史天地》2015年第25期。
[2]《朱德请求"只绑一只手"》，《党员文摘》2015年第11期。

朱德笑着对县委书记说：你不应该批评他们，他们做得很对，受批评的应当是我们，因为我们确实忘记带路条了。第二天，朱德在一个群众大会上，表扬了这两个儿童团员，并且题了"提高警惕"四个大字，奖给这个儿童团哨卡。[1]

可见，朱德尽管身居高位，但在纪律面前却丝毫不搞特殊化。在革命战争年代特殊的历史条件下，遵守党的纪律、严守党的秘密成为朱德和康克清始终铭记在心的处世准则。抗战初期，他们在转战山西五台县南茹村的过程中，一路上因为保密规定，从不告诉老百姓自己的真实姓名，当地人只知道他们是"当官"的。南茹村有些青年喜欢打篮球，朱德也经常加入他们。一次抢球时，一个青年不小心把朱德撞倒了，他急忙丢下球去扶朱德。可朱德从地上起来后，却首先关心这位青年是否受伤，这让他很受感动："这个大官真有意思，人家把他撞得摔了一跤，他不发火，反问人家撞坏没有。"[2]

转战过程中，康克清请宣传部的一位办事人员给她和房东一家照相。相片洗出来后，房东一家把它当作宝贝收藏起来。房东大娘悄悄问康克清："我们都看得出，你们是八路的大官。人家都说，你那位当家的就是八路军朱总司令。我没有说错吧！"康克清听后很惊讶，严肃地对她说："不管你猜的对不对，千万别对人说。就是将来我们走了，也不要对人说。你能做到吗？"[3]房东大娘爽快地答应了。

---

[1] 田延光、孙弘安主编：《红色记忆：中央苏区故事集》（第二辑），南昌：江西人民出版社，2012年，第33页。

[2] 康克清．《康克清回忆录》，北京：中国妇女出版社，2011年，第231页。

[3] 同上。

正是因为朱德严守纪律、顾全大局，在遇到有人做出分裂党的行为时，他才可能与之做坚决的斗争。1927年10月下旬，朱德在领导南昌起义余部转战的过程中，面对部分动摇分子经不住革命考验，有叛变和"开小差"的情况，他亲自主持召开了一次具有重要意义的全体军人大会。会上，他大义凛然地说："愿意继续革命的跟我走，不愿革命的可以回家，不勉强。"并恳切地动员大家："无论如何不要走，我是不走的。"[1]1935年6月，长征过程中，红一、四方面军会师后，部队进行混编，朱德与张国焘的红四方面军主力在左路行军，他对张国焘另立"中央"的错误行径进行了针锋相对的斗争。"天下红军是一家"这句广为流传、影响深远的话，就是他在当时提出来的。当时，在很多公开场合，张国焘都要朱德对另立"中央"表态。朱德大义凛然地说："你就是把我劈成两半，也不能割断我和毛泽东的关系！"[2]迫于朱德的声望，张国焘不敢对他动武，便打算采取一系列手段迫使他就范，但这些都没有改变朱德的态度。据康克清回忆，张国焘曾擅自把红军总司令部和红四方面军总司令部合并，把不赞成他的人一个个调离，而刘伯承自然是他的眼中钉。他不同朱德商量，更不请示党中央，就宣布撤销刘伯承总参谋长的职务，让刘伯承到红军大学任校长。刘伯承来向朱德告别时，朱德紧紧地握住他的手说："顾全大局，我们还是从大局出发，从长远着想。不论到哪里，都坚持原则，坚持北上抗日的路线，坚持党的统

---

[1]朱德、聂荣臻等：《星火燎原》（第一集），北京：解放军出版社，1996年，第80页。

[2]刘伯承等：《星火燎原》（第三集），北京：解放军出版社，1996年，第330页。

一，坚持做宣传、争取工作，直到把四方面军带到北方，同党中央汇合。"[1]红军三大主力会师后，朱德一到陕北就找中共中央和毛泽东汇报了与张国焘斗争的经过。毛泽东对这位老战友给予了高度评价："度量大如海，意志坚如钢。"[2]这也是对朱德一生的最好概括。

朱德的严守纪律，在新中国成立后的各个场合也得到体现。全国解放前夕，毛泽东把进京执政比作进京"赶考"，告诫全党要汲取历史经验，牢记"两个务必"。随着革命胜利的到来，中国共产党成为全国范围内的执政党，面临的形势和任务更加艰巨。为了加强党的自身建设，提升党的执政能力和领导水平，1949年11月，党中央决定成立中央纪委，由朱德任书记。上任之初，朱德就对严守纪律问题做出强调："我们的党已经有了二十八年的历史，二十八年来党的斗争经验，证明了在党内坚持铁的纪律是十分必要的。""如果党内没有纪律，或者不坚持执行党内纪律，那我们的党就会成为一盘散沙，也就无法率领千百万群众去进行胜利的斗争，取得像今天这样巨大规模的胜利。"[3]那么，怎样在党内坚持铁的纪律呢？朱德认为，对那些明知故犯、阳奉阴违、假公济私、挟嫌报复、贪污失职以及对党隐瞒欺骗的党员，必须给予纪律处分。1951年，刘青山、张子善贪污腐化问题的情况报告到朱德那里，他批下"触目惊心！党性何在？国法难容！"12个大字，强调一视同仁、严肃处理。朱德还主张"发

---

[1] 康克清：《康克清回忆录》，北京：中国妇女出版社，2011年，第101页。
[2] 金冲及主编：《朱德传》（修订本），北京：中央文献出版社，2006年，第463页。
[3] 中共中央文献编辑委员会编：《朱德选集》，北京：人民出版社，1983年，第279—280页。

现问题及时处理，随时总结经验，在党刊或报纸上公布，以教育全党和人民"[1]。他认为对此类问题不应积累起来算总账，以免党员干部的错误愈弄愈大，积重难返，最后把政治生命也葬送了。他说："这点很有作用，值得提倡。因为这样不但教育了全党和人民，而且真正有效地教育了犯错误的党员干部。如果我们把它公开出来，在报上一登，到处都传遍了，他的错误行为再也隐蔽不起来了。"[2]

习近平总书记在纪念朱德诞辰130周年座谈会上的讲话中曾指出："他严守党的政治纪律和政治规矩，在重大原则问题上立场坚定、是非分明、敢于斗争。他从不居功自傲，从不计较个人得失，认为'我们共产党人胸襟要广阔，气量要宏大，要求自己比要求别人要严格一些'。"[3]朱德作为中国人民解放军的主要缔造者之一，是党的第一代中央领导集体的重要成员，他一生坚决执行党的决议，不但要求自己也要求亲友严守党的政治纪律和政治规矩，堪称广大党员干部学习的楷模。

任弼时：凡事不能超越制度

"一怕工作少，二怕用钱多，三怕麻烦别人。"[4]无论在革命战

---

[1] 中共中央文献编辑委员会编：《朱德选集》，北京：人民出版社，1983年，第289页。

[2] 同上书，第290页。

[3] 习近平：《在纪念朱德同志诞辰130周年座谈会上的讲话》，北京：人民出版社，2016年，第7—8页。

[4] 中共中央文献研究室编：《任弼时传》（修订本），北京：中央文献出版社，2000年，第877页。

争年代还是和平建设时期,开国元勋任弼时始终以"三怕"精神要求自己,约束家人。他再三强调:"凡事不能超越制度。党的干部尤其是党的高级干部更不能搞特殊。"[1]

1941年7月1日,在纪念中国共产党成立20周年之际,中共中央发出《中央关于增强党性的决定》。任弼时挤出时间为该文件的最终稿进行了润色修改,并于10月至12月写下了《关于增强党性问题的报告大纲》一文。这是一篇对《中央关于增强党性的决定》进行权威性阐释的报告。在这篇经典文献中,任弼时认为,党性是以党员的思想意识、政治观点、言论行动来做标志和衡量的。他强调,党内没有特殊党员,大家在党的纪律面前一律平等,任何党员都必须"遵守党的统一的纪律""这对于任何一个党员都是毫无例外的"[2]。在纪律方面,任弼时指出,中国共产党负有三重重要责任:党自身要具有高度的纪律性和组织性,要自觉承担起"纪律性和组织性的代表"的职责;要采取种种措施,要求并教育广大的党员必须"遵守党的铁的纪律";要"教育为革命而斗争的阶级遵守一定的纪律"。[3]只有这样,党才能领导无产阶级的斗争,才能向无数非党的工人和群众灌输斗争中的纪律性和计划性、组织性和坚定性。任弼时特别强调纪律的"自律性",在他看来,党的各个组织和党员首先自己应该服从纪律、遵守纪律,而"不应该只向群众向别的人要求服从纪律、

---

[1]《"凡事不能超越制度"——开国元勋任弼时家风》,《湖南日报》2015年7月18日。

[2] 章学新主编:《任弼时传》(下),北京:中央文献出版社,2014年,第561页。

[3] 中共中央文献研究室、中央档案馆编:《建党以来重要文献选编(1921—1949)》(第十八册),北京:中央文献出版社,2011年,第809页。

遵守纪律"。也就是说，党组织和党员首先要做的事情是自己努力"克服无组织性与散漫性，克服不遵守纪律、不服从组织等不良倾向"[1]。

任弼时不仅是这么说的，而且也是这么要求自己和身边人的。在他和妻子陈琮英相知共事的过程中，就有不少这样的例子。陈琮英比任弼时大两岁，生于1902年，自小和任弼时定了娃娃亲。她长到12岁时，父亲把她送到任家做了童养媳。1915年，任弼时考入长沙第一师范附属高小读书，并在此结识了毛泽东，从此走上革命道路。1920年，16岁的任弼时决定离开长沙，去上海外国语学社学习俄语，为赴苏联继续学习做准备。任弼时走后，陈琮英按照他的吩咐，进入长沙一所半工半读的职业学校学习缝纫技术并补习文化。

1926年3月11日，分别六年的两人再次相聚。4月初，他们在上海一个简陋的小亭子里举行了简单的婚礼，没有仪式，没有筵席。陈琮英刚到上海时，一口浓重的湖南腔，一身村姑的打扮，显得土里土气，在街上常遭少爷小姐的冷眼。而任弼时因为秘密工作的需要，不断改换装束，时而长袍马褂，时而西服革履。因此，在十里洋场的旧上海人眼里，夫妻俩不免有些不大相配。任弼时对陈琮英说："你初到上海，环境不熟悉，慢慢会习惯的。你的工作很重要，党中央的领导人陈独秀、瞿秋白、罗迈都在上海，我出去活动不方便，你这身打扮敌人不注意，正便于

---

[1] 中共中央文献研究室、中央档案馆编：《建党以来重要文献选编（1921—1949）》（第十八册），北京：中央文献出版社，2011年，第809—810页。

工作。"[1]从此，陈琮英就担任起任弼时的秘密交通员，从事机要工作。

从此以后，任弼时常把起草好的文件和书信交给陈琮英按指定的地点送给中央的领导人，或是交给秘密的印刷厂排印。为了使陈琮英尽快进入角色，任弼时一面帮她补习文化课，一面给她传授保密工作技巧。陈琮英出门时，他总要叮嘱："早去早回来，遇到有人盯梢，不要急着往家里跑，要想办法甩掉'尾巴'；万一有人盘问，就说是乡下人，什么也不知道！"[2]

对一些日常小事，任弼时也谨言慎行，从旁启发和培养妻子的保密意识。有一次，任弼时的大妹培月到了上海，住在堂叔任理卿家里，陈琮英很想马上去看她。任弼时说："要找个机会。"过了没几天，组织上安排任弼时迁到别处的一间前楼去住。在搬家的前一天，任弼时对陈琮英说："机会来了，今天可以去看大妹了。"陈琮英好奇地问："为什么不搬好家后再去呢？"任弼时说："搬了家就不便去了。因为万一遇到有人盯梢，新的住址被人发现，就会发生麻烦。今天去，就是有人发现了，明天就找不到我们了！"陈琮英恍然大悟说："你的警惕性真高啊！"[3]

任弼时长期以来形成的严密纪律观念，在革命战争年代起到了重要作用。傅钟[4]就回忆，20 世纪 30 年代，他在与任弼时

---

[1] 章学新主编：《任弼时传》(上)，北京：中央文献出版社，2014 年，第 98 页。
[2] 同上书，第 99 页。
[3] 同上。
[4] 傅钟是中国共产党的优秀党员、久经考验的忠诚的共产主义战士、无产阶级革命家、中国人民军队杰出的政治工作领导者。1930 年春，他从苏联学习回国，在上海中共中央军事委员会机关做人事和兵运工作。

相处的两个月里,其原则性和组织纪律性给他留下了深刻印象。"记得张国焘回国不久,提出要到军委看文件,任弼时同志说:'他看文件到中央组织部去,不要到军委来。'对于张国焘,他是知道底细的。"[1]红军长征到贵州时,由于国民党的欺骗宣传,开始群众对红军不了解,不敢接近他们。任弼时就一面教育部队要坚决贯彻三大纪律八项注意,遵守民族政策和少数民族的风俗习惯;一面带领政工干部到群众中搞调查,了解人民的生活疾苦。他还向群众讲解革命道理,宣传共产党的主张和红军的政策、纪律,从而取得了群众的信任和拥护。[2]1947年3月,他与毛泽东、周恩来等中央领导人一同转战陕北,与敌周旋。当时,留在陕北的中共中央机关工作人员按军事编制,任弼时任司令员,代号"史林"。[3]他一方面主管纵队的工作,另一方面还要协助周恩来主管电信联络和密码通信工作。9月底,他在陕北葭县的神泉堡召开机要工作会议,同戴镜元、李质忠、童小鹏等有关机要工作负责人一起,研究通信、机要和情报工作。为确保保密,他决定将现有的机要处分为情报、统战、军队三部分,并研究了通讯机要工作中密码编制、使用、保管等问题。[4]在战争中,他还常常利用对方迷信电讯测向的心理,将计就计,采取各种手段迷惑敌人,使敌人摸不清人民解放军的动向,陷于慌乱,穷于应付。

---

[1] 中共中央文献研究室编:《回忆任弼时》,北京:中央文献出版社,2014年,第350页。

[2] 《中国工农红军长征史料丛书》编审委员会编:《中国工农红军长征史料丛书·回忆史料》(4),北京:解放军出版社,2016年,第172页。

[3] 杨瑞广、章学新主编:《任弼时年谱(1904—1950)》,北京:中央文献出版社,2014年,第540页。

[4] 同上书,第558页。

这样，国民党不仅在地面战场顾此失彼，而且在无形的电讯和密码斗争的较量上也打了许多败仗。

任弼时是以毛泽东同志为核心的中国共产党第一代中央领导集体的重要成员。他16岁即参加革命，在30年的革命生涯中，他在纪律和保密问题上始终严于律己并将之及于他人。这种高度负责的精神，是革命战争胜利的重要保障，值得永远铭记和怀念。

陈云：国家机密"怎么可以在家里讲"

在中国共产党老一辈革命家中，陈云在纪律问题上束身自重，对自己和亲友严格要求。无论是在家里还是在工作场合，哪些事可以讲，哪些事不能讲，他都分得十分清楚，毫不含糊。

早在延安时期，陈云任中共中央政治局委员、中央书记处书记、中央组织部部长时，就在党内积极倡导守纪律、讲规矩的优良作风。陈云坚信"共产党是言行一致的政党""共产党员必须言行一致"[1]，否则就是违反党的纪律。1938年10月，中共六届六中全会做出关于学习问题的决议，号召全党要普遍深入地学习和研究马克思列宁主义。之后，学习运动在党内普遍开展起来。作为中央组织部部长，陈云在中组部组织了一个六人学习小组，一直坚持了五年。其间，他想了许多办法，制定了严格的纪律，帮助大家养成学习习惯。曾被推举为中央组织部学习模范的王鹤寿后来回忆说：

---

[1] 陈云：《陈云文选》（第一卷），北京：人民出版社，1995年，第201页。

陈云同志规定的学习办法是，对很厚的一本哲学书，从头至尾一章一章地一段一段地读，每个星期必须读到哪一章哪一段。在到学习小组讨论会上，每个人都必须如实报告是否精读了规定的章节，谁也不能（包括他自己）借口工作忙没有读完规定的章段，这是学习的纪律。然后开始讨论，各抒己见。

在小组学习讨论会上，陈云同志每次讲述他读的那些章节的理解，对其他五位小组成员都有很大启发和帮助。学习的纪律是很严的，有一位同志说因为一个星期工作特忙，未读完规定的篇章页数，受到了严肃批评。陈云同志当时既是中央组织部部长，又要参加中央政治局各种会议和工作，当然是小组成员中最忙的，但是他从来没有欠读一章一段。[1]

对于这些规定，陈云一直遵守，从没有因为工作忙而违反。这种以身作则、严于律己的品格，给学习小组成员留下了深刻印象。王鹤寿说："在繁忙的工作条件下，坚持不懈，既表现出陈云同志的学习精神，也显示了他的坚强毅力。当然学习小组的其他成员，也衷心地感激，他领导的这段学习，使大家得益匪浅，难以忘怀。李富春同志就时常和我深切地谈起这段往事。"[2]

1944年，陈云担任西北财经办事处副主任，主持中央所在地陕甘宁边区的财政经济、供给保障工作。因身体不好、出汗

---

[1] 金冲及、陈群主编：《陈云传》（上），北京：中央文献出版社，2005年，第315—316页。
[2] 王鹤寿：《沉痛悼念陈云同志》，《人民日报》1995年7月21日。

多，衣服烂得快，陈云穿的那套军装补了又补。管后勤的陈清泉打算让有关部门给他送来一套新军装，陈云知道后，立即把他叫去说，现在还不到发军装的时候，任何人都不能例外。见陈清泉脸上露出愧悔之意，陈云才缓和语气地说："我们是管钱管物的，如果搞特殊化，不按制度办事，怎么能管好全边区的财政？这制度还有谁去认真执行？"[1]

在大是大非面前，陈云有原则，做事情考虑得非常全面到位。有一次，家乡青浦的代表送来一份精美的文房四宝，请他为准备开办但还没有得到正式批准的一家公司题词。陈云听后很不高兴地说："这个词不能题，如果题词就相当于强迫主管部门批准该公司。"于是，陈云让身边工作人员将送来的文房四宝如数退还，并吩咐秘书向上海市委通报了此事。[2]

陈云对于党和国家的有关规定，从来是严格遵守，不打折扣。20世纪60年代初，政府因经济困难，一度在市场上销售一些高级点心、高级糖果和其他高价商品来回笼货币。有一年夏天，妻子于若木买了一床称心的高价毛巾被，非常高兴。可是第二天，报纸就登出经济已恢复到一定水平，可以取消高价商品的消息。这就意味着，从当日起所有高价商品都降为平价。为此，于若木有些埋怨陈云不提前告诉她。陈云严肃地回答说："我是主管经济的，这是国家的经济机密，我怎么可以在自己家里随便讲？我要带头遵守党的纪律。"[3]

---

[1] 宋宇飞：《管好自己及身边人——陈云的作风和家风》，《群众》2017年第2期。
[2] 郭金雨：《守纪律、讲规矩的楷模陈云》，《长春市委党校学报》2017年第3期。
[3] 张曙：《中央纪委第一书记陈云》，北京：中国方正出版社，2015年，第208页。

新中国成立后的一段时期，按照国家规定，北京在每年 11 月 15 日天气转冷后可以烧暖气。陈云严格遵守这个规定。有一年冬天，北京出现强寒流，气温骤降，一些单位提前烧起了暖气。陈云坚持不烧暖气，竟因此患上感冒。周恩来闻讯前去探望，见陈云正披着棉被坐着办公，就对他说："陈云同志，你这样不行啊！这么冷的天气，你不让烧暖气，感冒了，这多耽误工作啊！"[1] 他马上特许陈云这里提前几天供暖。陈云却一再坚持说："11 月 15 日供暖的时间是我定的，我不能破这个例。"[2] 无奈之下，周恩来只好走出陈云家，对陈云的司机说，从今天开始，你必须为陈云烧暖气。接着，他又严肃地补上一句："这个你要听我的，这是命令！"[3] 在回中南海的车上，周恩来怀着钦佩的心情对卫士长成元功等人说："我们要向陈云同志学习。"[4]

20 世纪 70 年代初，陈云在江西南昌"蹲点"期间，"九·一三"事件爆发。一天，他按照通知要求到省里听取关于林彪事件的传达。回来后，女儿陈伟力急着打听会议内容。陈云却说，现在还不能告诉你，这件事情会传达，但要等到文件规定传达到你这一级的时候，我才能跟你讲。之后，陈伟力又反复催问好几次，但陈云每次都缄口不言。对于陈云的纪律观念，秘书肖华光后来回

---

[1] 陈云故居暨青浦革命历史纪念馆编：《走近陈云——口述历史馆藏资料辑录》，北京：中央文献出版社，2008 年，第 181 页。

[2] 中共中央文献研究室编著：《陈云画传（1905—1995）》，杭州：浙江人民美术出版社，2011 年，第 421 页。

[3] 陈云故居暨青浦革命历史纪念馆编：《走近陈云——口述历史馆藏资料辑录》，北京：中央文献出版社，2008 年，第 181 页。

[4] 成元功：《周恩来总理卫士长回忆录》，北京：中央文献出版社，2009 年，第 286 页。

忆说:"林彪从飞机上掉下来这件事情,外界很快就传出来了,《参考消息》都登了,陈云同志以为外面还不知道,他可能是参加江西省委扩大会议时得到的消息,参加会议以后,他关起门来写揭发材料,还对我保密。"[1]

陈云对纪律的遵守还体现在他对子女的严格管教上。新中国成立后,他的次女陈伟华被分配到北京郊区怀柔县辛营公社当一名乡村小学教师。一次,陈伟华因想家,没向学校请假就冒雨回来。陈云因此严厉地批评了她,要求她立即回去,并教育她要安心在农村教书育人。[2]陈云还时常告诫家人和身边工作人员:"无论你到哪里工作,都要记住一条,就是公家的钱一分都不能动。国家今天不查,明天不查,早晚都要查的。记住这一条,你就不会犯错误。"[3]

改革开放后,陈云担任了中纪委第一书记,在中央政治局常委会中分管党风党纪工作。他要求各级纪委要做"铁纪委",不当"老太婆纪委",对于钻改革开放空子、以权谋私的人和事,必须以除恶务尽的精神与之斗争,无论是谁违反党纪、政纪,都要坚决处理,违反法律的还要建议依法处理,"各级纪委必须按此原则办事,否则就是失职"[4]。他是这样要求别人的,也是这样以身作则的。1982年初,在他和邓小平的推动下,全国掀起了一场打击严重经济犯罪的斗争。有些人担心大张旗鼓地打击经济犯

---

[1] 张曙:《中央纪委第一书记陈云》,北京:中国方正出版社,2015年,第208、209页。

[2] 蒋永清:《陈云同志的家风》,《学习时报》2017年2月6日。

[3] 张曙:《中央纪委第一书记陈云》,北京:中国方正出版社,2015年,第212页。

[4] 陈云:《陈云文选》(第三卷),北京:人民出版社,1995年,第356页。

罪会影响改革开放，他针对这种顾虑说："怕这怕那，就是不怕亡党亡国。"[1] 他对秘书朱佳木说："抓这件事是我的责任，我不管谁管？！我准备让人打黑枪，损子折孙。"[2]

这就是陈云对自己及家人的纪律要求。他常以这样的家教告诫子女和身边人："做人要正直、正派，无论到哪里，都要遵守当地的规矩和纪律；答应别人的事，一定要说到做到，如果情况有变化，要如实告诉人家。这些事看起来很细小，却要这样做。你们若是在外面表现不好，那就是我的问题了。"[3] 他在纪律方面的严格要求和谆谆教诲，为共产党人树立了光辉的榜样。

---

[1] 朱佳木：《论陈云》，北京：中央文献出版社，2010年，第184页。
[2] 同上。
[3] 侯树栋主编：《一代伟人陈云》，北京：人民出版社，2005年，第475页。

七　个人的权力和地位没有吸引力

中国共产党老一辈革命家是廉洁奉公的楷模，而廉洁奉公的背后，实际上折射的是他们对待名利的态度。马克思说："人的本质不是单个人所固有的抽象物，在其现实性上，它是一切社会关系的总和。"[1]因此，名利问题是每个人都会面对的。然而，如何对待名利，确立怎样的名利观，却不是人人都十分清楚的事情。在这方面，老一辈革命家无论对自身，还是对亲友和身边人，都有着明确的要求，有很多例子值得我们学习。

毛泽东：全国解放了也不祝寿

作为党和国家的领袖，毛泽东带头在对待名利问题上做出了表率。

中国共产党成立后，在为实现人民幸福、民族复兴的不懈奋斗过程中，逐步确立了毛泽东在全党的领导核心地位。1943年3月20日，中共中央在延安召开政治局会议，选举毛泽东为中央政治局主席和中央书记处主席。按照会议精神，毛泽东对"书记

---

[1] 中共中央马克思恩格斯列宁斯大林著作编译局编译：《马克思恩格斯选集》（第一卷），北京：人民出版社，1995年，第60页。

处会议所讨论的问题",有最后决定权。[1] 4月初,时任中共中央宣传部部长的何凯丰提出,要借毛泽东五十寿辰且党内一些同志也在酝酿为他祝寿之机,来宣传毛泽东的思想。对于这一做法,22日,毛泽东专门复信何凯丰,明确指出:"生日决定不做。做生的太多了,会生出不良影响。目前是内外困难的时候,时机也不好。我的思想(马列)自觉没有成熟,还是学习时候,不是鼓吹时候;要鼓吹只宜以某些片断去鼓吹(例如整风文件中的几件),不宜当作体系去鼓吹,因我的体系还没有成熟。"[2]

当时,作为中央书记处三人成员之一的任弼时,也向诗人萧三嘱咐:"写一本毛主席传,以庆祝他的五十大寿。"[3] 胡乔木也极力帮助萧三集中精力写好毛泽东的传记,以减轻他的写作负担。但是,毛泽东不只是反对为他祝寿,更反对为他立传,他主张活着的人都不写传,因而萧三写的《毛泽东的初期革命活动》,拖到1944年7月1日和2日才在《解放日报》副刊上发表。在毛泽东的坚持下,党中央和边区各界都没有给毛泽东祝寿。[4]

1949年新中国成立前夕,在党的七届二中全会上,根据毛泽东的提议,全会做出了六条规定,明确要求党员干部不做寿、不送礼、少敬酒、少拍掌、不以人名作为地名,不要把中国同志和

---

[1] 逄先知、金冲及主编:《毛泽东传》(二),北京:中央文献出版社,2010年,第659页。

[2] 中共中央文献研究室编:《毛泽东书信选集》,北京:人民出版社,2003年,第190页。

[3] 黄允升、张鹏主编:《毛泽东人际关系》(下),北京:中央民族大学出版社,2004年,第554页。

[4] 游和平:《毛泽东一生中的"12月26日"》,《党史博览》2003年第12期。

马、恩、列、斯平列。[1]毛泽东在会议上明确提出,党员干部要继续保持艰苦奋斗的作风,继续保持谦虚谨慎、不骄不躁的作风,并带头落实会议精神。1953年12月26日,适值毛泽东60岁寿辰。之前几个月,老家湖南的一些亲戚故旧纷纷给他写信,请求进京为他祝寿,但毛泽东一概婉言谢绝。10月4日,他在给韶山老地下党员毛月秋的信中说:"为了了解乡间情况的目的(不是为了祝寿。为了节约,无论哪一年均不要祝寿,此点要讲清楚),我同意你来京一行。"[2]毛泽东在信中还嘱咐,只邀请他和另外二位亲友来京:"除你们三人外,其他没有预先约好的同志,一概不要来。"他还特别强调"你们三人来时,不要带任何礼物"[3]。10月25日,毛泽东写信给家住湘乡大坪的表侄文九明说:"你有关于乡间的意见告我,可以来京一行。"并再次提醒说:"不要带任何礼物,至嘱。其他的人不要来。"[4]

新中国成立后,亲友出于对毛泽东的尊敬和爱戴,主动表示要给毛泽东送一些礼物,但这种举动总是被毛泽东婉拒;实在无法拒绝的,他或者照价付款,或者交公。

1951年10月,湖北省蕲春县郑家山农民王金龙与王金和等人,为感谢毛泽东并表达敬爱之情,把优质水葡萄米当作"礼品"寄送给了毛泽东。水葡萄米寄出后一个多月,王金龙到武汉参加

---

[1] 逄先知、金冲及主编:《毛泽东传》(三),北京:中央文献出版社,2010年,第1225页。

[2] 中共中央文献研究室编:《毛泽东书信选集》,北京:中央文献出版社,2003年,第428页。

[3] 同上。

[4] 中共中央文献研究室编:《毛泽东书信选集》,北京:中央文献出版社,2003年,第434页。

湖北省各界人民代表会议。其间，湖北省领导张体学对他说："你们寄给毛主席的水葡萄米，毛主席收到了。毛主席委托中央办公厅给你们寄来了钱和信。"[1]王金龙收下了信，可怎么也不肯收钱，他说："没有共产党、毛主席就没有我们穷苦农民的今天，他老人家吃这么一点我们自产的大米还要付钱？不行不行，这钱我不能收，郑家山人都不会收。"[2]见王金龙坚持不肯收米钱，张体学又做了多番劝说，王金龙才勉强答应。后来，郑家山召开了群众大会，王金和宣读了毛泽东委托中央办公厅寄来的回信："……钱寄上，以后再不要向中央领导人寄赠任何物资，这是我们的党纪所不能容许的。"[3]

新中国成立之初，毛泽东对西藏问题特别关注。每次达赖、班禅来京，毛泽东总在颐年堂会见他们。有一次，西藏有人送来一块金表，看上去金光闪闪，拿在手上沉甸甸的，含金量很高。工作人员收下金表后，想要毛泽东把金表戴上，把原来的旧表淘汰掉。可是，毛泽东对金表毫无兴趣，吩咐工作人员说："不换，明天就把这块表上缴特会室。"[4]（特会室是专为中央领导管理经济的，也管礼品。——引者注）第二天，工作人员就把这块金表上缴到了特会室。

1959年9月，为报答共产党对被战乱所毁坏的寺庙的多次整修之恩，湖北鄂城县灵泉寺住持融广授命寺僧精心制作了12个

---

[1] 孟红、唐越：《或婉拒或付款或交公——开国元勋是怎样对待礼物的》，《党史文汇》2013年第5期。

[2] 同上。

[3] 马中国：《毛泽东为什么能》，南京：江苏人民出版社，2014年，第384页。

[4] 邢浩：《毛泽东礼品交公》，《人民日报》2015年12月1日。

当地名吃东坡饼,寄给了毛泽东。毛泽东收到后不久,即委托中共中央办公厅给灵泉寺写了一封信:"寺僧亲手精制的东坡饼已收到,现寄来东坡饼款,并向你们表示感谢。中共中央早有明确规定,禁止任何集体或个人向中央领导赠送礼物,希望今后不要再寄。"[1]融广住持收到来信和东坡饼款后,对毛泽东更加佩服和崇敬。

  作为党和国家的最高领导人,毛泽东经常要会见外宾。一般情况下,外宾来访时会送一些礼品给毛泽东。抗美援朝结束后,1954年,金日成赠送毛泽东24箱国光苹果,每个苹果有拳头大小,整齐匀称。据李银桥回忆,一般国内外送给毛泽东的礼品,毛泽东看到的只是白纸黑字的一份礼品单,并不见实物,实物直接由负责礼品管理的部门交公。这一次因为是金日成所赠,又是不宜保存的果品,所以毛泽东吩咐他把苹果转赠给了警卫部队。[2]毛泽东的"管家"吴连登有时劝他留用一些礼品:"这些礼品都是送给您的,吃了用了都是应该的。"[3]毛泽东却回答说:"不行。这个问题不是那么简单,党有纪律。这些礼物不是送给我个人的,是送给国家主席的,送给中国人民的。如果我不是国家主席,就不会有人给我送礼了。比如说,你在我这个位置上,人家也会送给你的。中国不缺我毛泽东一个人吃的花的。可是,

---

[1] 陈冠任编著:《治国录:毛泽东与1949年后的中国》(3),北京:中共党史出版社,2014年,第823页。

[2] 李银桥、韩桂馨:《在毛泽东身边十五年》(修订版),石家庄:河北人民出版社,2006年,第291页。

[3] 顾奎琴主编:《毛泽东保健饮食生活》,广州:广东人民出版社,2003年,第43页。

我要是生活上不检点，随随便便吃了拿了，那些部长们、省长们、市长们、县长们就上行下效都可以了，那样的话，这个国家还怎么治理呢？"[1]

毛泽东就是这样看待自己的权力的，他仅仅把它当作为人民服务的一种方式。由于这种淡泊超然的人生态度，毛泽东不仅对待权位很淡泊，而且对于生死病痛也很超然。

1958年，在一次小座谈会上，因一位妇女劳动模范打了一个喷嚏，气氛顿时有点紧张，毛泽东当即说："不要紧，我是60多岁的老头，不怕死，人家说身经百战，我也是身经百战不死。"[2] 1961年9月，毛泽东在武汉同蒙哥马利元帅交谈时说：中国有句话叫"七十三、八十四，阎王不请自己去"，将来学丘吉尔的办法，随时准备灭亡。[3] 从这些日常谈话可以看出，毛泽东从不回避死的问题。这里表现出的无忧无虑的超脱气度，折射着他一心为民、不畏死亡的思想境界。

1971年后，毛泽东疾病增多，有时比较严重，但他始终泰然处之。他从不因一点小病大惊小怪，提出过高要求。对于医生的治疗，他也总是热情接受，不挑剔，不责怪。他常以幽默风趣的语言同身边医护人员谈论疾病，一面解除别人的紧张情绪，一

---

[1] 孙宝义、刘春增、邹桂兰编著：《勤俭廉洁的毛泽东家风》，沈阳：万卷出版公司，2016年，第300页。

[2] 张静如主编：《毛泽东研究全书》（卷一），长春：长春出版社，1997年，第857页。

[3] 陈湖、文源编著：《毛泽东的三十险难》，贵阳：贵州人民出版社，1993年，第1—2页。

面忍受病痛折磨。[1]张玉凤在回忆毛泽东晚年生活情况的文章中说:"对于生老病死,主席总是抱以乐观、自然的态度。他从没有因为这些年病魔缠身而失去信心和力量。就在他将要做眼睛手术时,他仍然给人以满怀信心和壮志凌云的气氛。他让我去放一首曲子:岳飞的《满江红》。"[2]

正是因为毛泽东一心为民、胸襟广阔,对于个人名利极少考虑,对于个人生命也超然对待,所以在为人处世过程中,他能够做到时时为他人着想,不在乎个人得失。

周恩来:故居约法

在中国共产党老一辈革命家中,周恩来堪称公私分明、淡泊名利的楷模。他曾说,个人的权力和地位对他并没有太大的吸引力,即使由于大家折服于他的才干威望主动给他,如果有碍于党的事业,有损于他人,他也不会伸手,更不会"墙倒众人推",从中捞取好处。[3]他对故居的"约法三章"等事例,便鲜明地体现了这一点。

周恩来自小在江苏淮安镇淮楼西北隅度过了12个春秋。1910年,12岁的周恩来离开淮安,赴东北伯父处读书。从此,

---

[1] 郭德宏、陈登才、钟世虎:《毛泽东修身齐家管理》,北京:红旗出版社,2014年,第47页。

[2] 刘朋主编:《中共党史口述实录》(第五卷),北京:中国古籍出版社,2010年,第2153页。

[3] 汪浩、王家云等:《周恩来研究概论》,北京:中央文献出版社,2014年,第134页。

他再没有回去过淮安。但外出后的周恩来对故居怀有深厚感情，为了把故居处理好，他经常向家人了解情况。据周恩来的堂侄媳孙桂云回忆，20世纪60年代和70年代，周恩来两次向她了解故居情况，并交待了处理意见。一次是1961年8月，她第二次到北京时，周恩来对她说："家里的房子全部要让人住，不要空着，空着浪费。"又说："你们不要说出我住过的房屋，叫邻居也不要说。"孙桂云根据当时淮安县委的安排，向周恩来汇报说："有的已做县委学习室，有的做儿童图书馆，其余的大部分让居民住了。"周恩来听了说："房子要处理掉，拆掉了可以盖工厂，可以盖学校。"[1]再一次是1974年8月1日晚，周恩来和她谈及家里的房子问题时问："还有没有人去（参观房子）？"孙桂云说："县委很重视，层层向下传达了，不准去参观。但外地还是不断有人去。"周恩来说："你们要劝说去参观的人到韶山去瞻仰毛主席旧居。"接着又说："要把我住过的房子拆掉，不能和毛的旧居比。你们的住屋，可以拆到别处去盖。"邓颖超说："你们拆迁，我们给钱。"孙桂云说："拆房子要经地方政府的批准。"周恩来点点头，但又说："坏了就不要修了，坏一间，拆一间，统统拆掉了，我也就放心了。"[2]

不但如此，"文化大革命"期间，国务院办公室负责人吴庆彤还受周恩来委托，专门打电话给淮安县委负责人谈故居处理问题并"约法三章"。据当时在淮安县委办事组任职的王宝瑾回忆：

---

[1] 淮安市周恩来纪念地管理局、淮安市档案局、淮安周恩来邓颖超研究会编：《周恩来与故乡淮安史料研究》，北京：中央文献出版社，2013年，第148页。
[2] 同上书，第148—149页。

1973年11月13日晚上9时,我在县委办事组值班,国务院办公室负责人吴庆彤打来了电话,电话是我接的。吴庆彤说:"要县委负责人接电话。"当时正好刘守庭副书记在场,我把电话交刘接。(吴在电话中说)"总理听到了反映:1.要动员住在他家里的人搬家;2.要维修;3.要开放让人参观。是否是这个情况?总理要县委调查后向国务院办公室汇报。"我一一记录在电话记录簿上,第二天立即向县委常委做了汇报。1973年11月14日,我带着吴庆彤在电话中提到的3个问题,观察了总理故居,并询问了总理侄儿周尔辉同志,周尔辉同志说:"没有叫人搬家的,也没有维修,仅仅是外地有人来看看。"晚上,我就向国务院做了汇报。1973年11月17日,国务院又来电话,还是我接的。吴庆彤传达了总理的3条指示:1.不要让人去参观;2.不准动员住在里面的居民搬家;3.房子坏了不准维修。[1]

后来,周恩来还多次要吴庆彤打电话询问"约法三章"的执行情况。在得知淮安县委召开常委会做出了三项决定并向地委办公室汇报后,周恩来才放下心来。周恩来逝世后,广大人民群众为表达深切缅怀、纪念之情,呼吁政府将周恩来故居整修翻新。1976年11月25日,邓颖超在致周尔辉、孙桂云并转淮安县委的信中,表示完全同意"县委停修的作法",并指出"关于修整周恩来同志故居,过去曾被多次阻止。恳请县委领导同志们,为了

---

[1] 淮安市周恩来纪念地管理局、淮安市档案局、淮安周恩来邓颖超研究会编:《周恩来与故乡淮安史料研究》,北京:中央文献出版社,2013年,第124页。

纪念死者，最好是能遵照死者意见的办法。对于群众的愿望和要求，请向他们作解释工作，说服他们，请他们予以理解，并表示感谢"[1]。

除对故居的"约法三章"外，周恩来的淡泊名利还表现在生活的方方面面。1956年5月，他到太原进行一次短暂的工作考察，在考察结束，即将登机离开太原时，他发现有人往机舱里送了一个箱子，便马上询问是什么东西。随员告诉他，里面装的是对降低血压有益的本地产的葡萄汁。周恩来知道后，在机舱关闭前亲自留下30元人民币作为补偿。[2]1961年春节前，时值经济困难时期，青海省委考虑到党中央机关生活艰苦，便从青海湖打捞了2000多斤鳇鱼送给周恩来，并请周恩来转送党中央。周恩来得知后，让秘书给青海省委打电话批评这件事，并立即指示："第一，这种做法是错误的。困难时期党中央应该和人民同甘共苦，不能接受这样的馈赠；第二，既然鱼已经送到北京，再返回耽搁时间可能腐烂，就由北京工商局按市场价格收购。"[3]这样，中共中央和国务院各机关一斤鳇鱼也没有留下。

同一时期，淮安县委还给周恩来和邓颖超送来一些家乡的土产。周恩来收到后，当即委托秘书回信，并寄去100元钱。不

---

[1] 中共中央文献研究室第二编研部编：《邓颖超书信选集》，北京：中央文献出版社，2000年，第239—240页。

[2] 刘以顺：《克己奉公的光辉典范——周恩来廉洁从政纪事》，《党史纵览》1998年第2期。

[3] 渭南市政协文史和学习委员会、渭南市水务局编：《渭南文史资料》（第一辑），内部发行，2002年，第112页。

久,淮安县委收到了周恩来的来信,信中说:"你县送给周总理和邓大姐的藕粉、莲子、馓子、工艺品以及针织品都已收到了。你们对周总理和邓大姐的热爱和关怀他们是知道的。"信件着重指出:"但是,周总理和邓大姐认为,在中央三令五申不准送礼的情况下,你们这样做是不好的。""现在周总理和邓大姐从他们的薪金中拿出一百元寄给你们,作为偿付藕粉、莲子、馓子、工艺品的价款。其他的一些针织品等以后有便人再带给你们。"周恩来还将中央关于不准请客送礼的通知寄给他们,请他们"仔细研究,并望严格执行"[1]。

1960年10月,在调运粮食最紧张之时,某省一方面要求中央给他们调进粮食,另一方面又给中央送来五万斤鱼。周恩来知道后十分生气,在中央书记处会议上对此提出严厉批评:"送中央五万斤鱼,简直胡闹。为什么要中央调粮又送鱼?""全国从今以后,不许送中央一针一线一条鱼,要做全面通报,严格禁止。本来禁了多年,自大跃进以来又起来了。这是走后门,不拿一个省开刀不行。"[2]会后,周恩来指定习仲勋、赖祖烈等起草了《中共中央关于不准请客送礼和停止新建招待所的通知》。该通知规定:一切单位都不准向任何单位和个人赠送礼物,也不准借用任何名义变相送礼;各厂矿、企业、人民公社试制成功的新产品,除对其直接主管部门可以送一份样品外,不许以献礼或其他名义赠送给上级机关或其他单位和个人。[3]

---

[1] 金冲及主编:《周恩来传》(三),北京:中央文献出版社,2011年,第1419、1422页。

[2] 同上书,第1418、1419页。

[3] 同上。

1963年，周恩来和邓颖超到苏州看望病中的陈云。当他们离开苏州时，接待人员送了一些"苏式糖果"。邓颖超立即要随行人员照价付钱。不仅如此，周恩来还要来了发票，问明是不是市场价。当了解到付给对方的款是按成本价计算时，周恩来一定要按市场价补上。他语重心长地对接待人员说："我们决不能搞特殊，你们做接待工作的同志要切记这一点！"[1]

有学者指出，"从少年和青年时代起，周恩来就十分看不起那些虽不乏才干和作为，但却内怀邀名请功之心的爱出风头之徒"[2]。后来的人生实践证明了这一点。他不汲汲于名利，坦荡无私、一心为公。在他的身上，集中体现了共产党人的人格风范，展现了共产主义价值观的魅力。

朱德：一个合格的老兵足矣

在中国的传统中，家庭传承着祖辈对后世子孙立身、处世、立业等方面的教诲。这些教诲，本质上体现了家族的核心价值观。朱德从小受到良好的家庭熏陶，祖辈的言传身教使他很早就形成了淡泊名利的人生观。1966年，一名意大利记者在天安门城楼上问朱德："您想在身后留下什么名誉？"朱德笑答："一个合格的老兵足矣。"[3]

---

[1] 崔玉倜、崔蕾：《周恩来的青年观》，长沙：湖南人民出版社，1998年，第177页。

[2] 王乐平：《领袖风格的练就——中央苏区时期毛泽东、周恩来、朱德、彭德怀的领导风格研究》，北京：中央文献出版社，2012年，第137页。

[3] 周海滨：《家国光影——开国元勋后人讲述往事与现实》，北京：人民出版社，2011年，第32页。

朱德向来淡泊名利。早年在参加护国运动时,他想的是像古代贤士那样"功成身退""初意扫除专制,恢复民权,即行告退"[1]。后来,他毅然舍弃滇军旅长的优裕生活,跟随共产党走上艰苦的革命道路。对此,刘伯承曾意味深长地说:"总司令参加革命以前,生活优裕,即不升官发财,亦足以度其舒适之一生。然当其一旦认识革命,即弃如敝屣,一无反顾。以后在任何困难之前,坦然如坐春风,尤足使人深深感动。"[2]

朱德是一位虚怀若谷的共产党人。从井冈山时期开始,他就是和毛泽东并称的革命领袖。然而,他却从未把自己当作领袖,而是诚心实意地拥护毛泽东为领袖。革命成功以后,他也不居功。正如他在《目前形势和军队建设问题》一文中所说的那样:"人家把功劳归给我,我就把功劳往下面推,我想你们也要这样推才好。"[3]他还说:"我们共产党人胸襟要广阔,气量要宏大,要求自己比要求别人要严格一些,有功先归群众,有过勇于担当。"[4]

由于朱德一生超然坦荡,位高不矜,因此,他能够始终将自己当作一名普通党员,对他人敬送的礼物则一律拒绝。

新中国成立后,朱德担任党和国家的重要领导职务。一次,他去山东视察工作,正逢水果收获的季节。地方上的工作人

---

[1] 金冲及主编:《朱德传》(修订本),北京:中央文献出版社,2000年,第61页。
[2]《人民的光荣——朱德委员长光辉战斗的一生》(一),北京:北京师范大学出版社,1977年,第37页。
[3] 中共中央文献研究室、中央档案馆编:《建党以来重要文献选编(1921—1949)》(第二十五册),北京:中央文献出版社,2011年,第301页。
[4] 中共中央文献研究室编:《建国以来重要文献选编》(第一册),北京:中央文献出版社,1992年,第233—234页。

员知道朱德很称赞莱阳梨,便在他离开时悄悄装了两筐放到火车上。火车开动后,两筐梨被朱德发现了。他立刻把随行的工作人员找来,严肃地说:"我们下来是工作的,不是来搜刮的,怎么能随便收下面的礼呢?今后订下一条,下来工作,不许接受礼物;谁接受了,就让谁原封送回去!"他还吩咐:"这两筐梨一个都不能动,到下一站火车停住,就把梨抬下车,派人送回去。"[1]工作人员只好照他的意见办了。

还有一次,江西的领导到北京办事时,给朱德捎来几筐冬笋。朱德知道后说:"下面的同志往中央送东西,这个风气不好,不能提倡。咱们不能白吃下面的同志送来的东西。这些东西应送到机关供应站去,让大家按市价买,谁吃谁掏钱。我们要吃,拿钱去买,把收的钱再送还江西的同志。"[2]依照他的嘱咐,几筐冬笋被原封不动地送到了机关供应站,钱也返还给了江西送笋的人。

1974年8月,康克清陪同朱德到秦皇岛贝壳雕刻厂视察。为表敬意,工人商议将一幅《山峡夜航》贝雕画送给他。唯恐朱德当面拒绝,他们悄悄把它放在了朱德警卫员乘坐的车的车座下。警卫员发现了这幅画后,将它交给朱德。朱德看后坚定地说:"送回去,老规矩!"[3]第二天,康克清专程把画送回了厂里。工人们诚恳地说:"这幅贝雕是我们大家亲手创作的,是向委员长

---

[1] 金冲及主编:《朱德传》(修订本),北京:中央文献出版社,2006年,第779页。
[2] 陈清宇:《康克清(朱德夫人)传》,北京:中国文史出版社,2006年,第129页。
[3]《解放军报》编辑部编:《朱德的扁担》,北京:长征出版社,1997年,第111页。

做汇报的,还是请您劝委员长收下吧。"[1]康克清诚挚地告诉他们:"朱老总一再说了,这是人民的财产,应该拿去换外汇,支援国家建设。大家的心意,朱老总已经心领了,谢谢大家,可是这幅画不能收。我看还是按老总的意见办吧。"[2]

作为党和国家的重要领导人,朱德多次会见外宾和国际友人,但他从不把外宾送来的礼物据为己有。美国著名女作家史沫特莱在抗战时采访过朱德,回国后,怀着对朱德的敬爱之情,她写成《伟大的道路——朱德的生平和时代》一书。在该书中,她回忆了1937年初到延安时,她对朱德说:"我希望你把这一生的全部经历讲给我听。"朱德却回答:"我的生平只是中国农民和士兵生平的一小部分。""等一等,你各处走走,和别人见见面,再作决定吧!"[3]1950年,她在逝世之前,留下遗嘱要将稿酬交给朱德。1958年2月,中国驻德意志民主共和国大使馆曾就此事向有关方面请示:"朱德副主席在我馆存稿费95008.30马克,已有两年之久,此款如何处理?"朱德批示:"买自然冶金科学新书、化学新书寄回。"[4]这些书籍后来送给了各大图书馆和科研单位,对于建设中的中国无疑是雪中送炭。

朱德虚怀若谷,把个人荣辱进退看得很淡。1951年朱德65

---

[1]《浩气传千古 德行动天地——河北军民深切怀念敬爱的朱委员长》,《河北日报》1977年7月30日。

[2]陈清宇:《康克清(朱德夫人)传》,北京:中国文史出版社,2006年,第129—130页。

[3][美]艾格妮丝·史沫特莱:《伟大的道路——朱德的生平和时代》,梅念译,胡其安、李新校注,北京:东方出版社,2005年,第3页。

[4]吴殿尧主编:《朱德年谱(新编本)》(下册),北京:中央文献出版社,2006年,第1658页。

岁寿辰时，家乡仪陇派人到北京看望他，并提议把仪陇县改名为朱德县。朱德听了赶紧说，这怎么使得？我不算英雄，只是一个在战场上没有被打死的普通士兵，为革命牺牲了的烈士才称得上英雄。[1]在为革命建立了丰功伟绩之后，他总是显得那样谦逊："我们切不可居功。群众风起云涌，烈士牺牲性命，如果有功，功是他们的。离开了群众，我们什么事也做不出来。比如说，我个人，中外人士都知道，好像我是三头六臂，实际上，我只是广大群众事业与功绩的代表中的一个而已。一定要记住，如果有功，功是党的，是群众的。"[2]

朱德在1954年第一届全国人大召开时当选为国家副主席。1958年年底，中央开始筹备召开第二届全国人大，提出了一个由刘少奇继续担任全国人大常委会委员长的第二届全国人大常委会委员候选人名单，并为此征询朱德的意见。12月29日，朱德给时任中共中央总书记的邓小平和中共中央书记处写了一封言辞恳切的信[3]：

> 小平同志转书记处同志们：
>
> 　你给我组织部、统战部对二届人大常委提名候选人名单一份，我同意。我提议以刘少奇同志作为国家主席候选人更为适当。他的威望、能力、忠诚于人民革命事业，为党内党外、国内国外的革命人民所敬仰，是一致赞同的。因此，名

---

[1] 胡依马编：《我们的总司令》，长沙：湖南人民出版社，1980年，第370页。

[2] 朱德：《朱德军事文选》，北京：解放军出版社，1997年，第491页。

[3] 朱和平：《永久的记忆：和爷爷朱德、奶奶康克清一起生活的日子》，北京：中国文史出版社，2015年，第63—64页。

单中委员长一席可再考虑,以便整体的安排。至于我的工作,历来听党安排,派什么做什么,祈无顾虑。
此致
敬礼

朱　德
12月29日

这封信表明,朱德以坦荡的胸襟,主动推举刘少奇作为国家主席的候选人,而对个人地位的高低进退则毫不计较。

朱德一生战功赫赫,为革命和建设事业做出了巨大贡献。但他从不居功自傲,总是要求自己和家人虚怀若谷、淡泊名利。他在名利地位面前的高风亮节和宽大襟怀,体现出了共产党人的高尚情操,永远是后人学习的榜样。

任弼时:我就是坐办公室的

在正确对待名利这一点上,任弼时也为我们树立了榜样。任弼时是党的七大选举出的"五大书记"之一,30年的革命生涯,同中国共产党的成立、发展、壮大,同中国民主革命胜利的全部历史紧密地联系在一起。然而,正是这样一位为中国革命立下了不朽功勋的领袖,始终做到不慕名利,朴实无华。

20世纪30年代初,任弼时刚到中央苏区时,战士大多不认识他。一次,他让一位战士教他刺杀,那位战士教了几次,见他动作不准确,就不耐烦地批评他"乱弹琴"。当他的动作稍有进步,那战士又拍拍他的肩膀说:"不错,长进很大,照这样下去,肯定是一个模范赤卫队员！"[1]过了一会儿，通讯员跑来喊任弼时"首长"，该战士大惊，这才知道学刺杀的人竟是中央组织部部长任弼时，脸一下涨得通红。任弼时大笑着说："你不仅是个模范战士，还是一个好教练员！"[2]

1934年，任弼时任红六军团政委时，和警卫员、公务员、收发员编在一个党小组。一次，党小组决定开会，因为他工作忙，大家没有通知他。他得知后主动参加了会，并对党小组长说："在党内，任何个人，不管他是军长、政委，都是普通一员，都要服从组织，绝不能做特殊党员。"[3]开会时，大家喊他任政委，他马上说："不要叫我这个职务，叫我任弼时同志，或者任胡子好啦。在革命队伍里我们都是同志。"[4]当大家叫他"任胡子"时，他答应得特别爽快，这让大家觉得很亲切。

任弼时淡泊名利、虚怀若谷的品格也体现在他同子女的相处过程中。任远芳是任弼时之女，1938年在莫斯科出生，身份证上的名字是陈松。1940年2月25日，任弼时结束工作回国，把1岁多的任远芳留在了伊凡诺沃国际儿童院。1950年从苏联回国后，她开始使用自己的新名字任远芳，这个名字一直伴随她度过了小学和中学生活。到大学时，她又把自己的名字改为陈松。

谈起父亲，任远芳说：当时，我只有1岁零两个月，父母没

---

[1] 唯实编著：《任弼时的故事》，郑州：海燕出版社，1999年，第187页。
[2] 华林编：《毛泽东和他的战友们》，北京：华龄出版社，1990年，第258页。
[3] 中共中央文献研究室编：《回忆任弼时》，北京：中央文献出版社，2014年，第323页。
[4] 中共汨罗县委宣传部编：《怀念任弼时同志》，长沙：湖南人民出版社，1979年，第62页。

有给我留下丝毫印象,"我跟邓发的女儿等人一起上学、睡觉,我们还经常光着脚丫乱跑。不知道自己为什么在那,不知道父母是谁,没人告诉我们,也不想父母"[1]。任远芳回忆说,任弼时很少跟她讲当年干革命的事,她当时年龄小,对这些事根本不关心,也不会问。1948年,任远芳开始和任弼时通信。从那时起,任弼时才开始走进她的生活。1949年年底,任弼时因病赴莫斯科治疗,后转入莫斯科郊区的巴拉维赫疗养院休养。次年元月,任远芳来到该疗养院与分别十年的父亲相聚。谈起当时重逢的情景,任远芳很是兴奋地说:"刚开始很陌生,不知道这人是谁。但待了一个礼拜以后就挺喜欢他。爸爸很关心我,问我学习、生活怎么样,这才体会到父爱的感觉。我那时不会讲中文,父亲就用俄文和我交流,还给我写了一张十六开纸的中俄单词对照表。晚上他卧床休息,便让我睡在沙发上。"[2]

1950年5月17日,任弼时带着任远芳乘火车从莫斯科回国。一路上,他除了教任远芳学汉字、说中国话外,还经常带她找车上的苏联人聊天,交谈次数最多的是列车上的炊事员,两人还和他合影留念。一来二去,任远芳也和炊事员熟悉起来。车到中国境内满洲里换车头时,任远芳还把自己攒的大约20卢布的硬币全都送给了这位炊事员。[3]

列车在满洲里停车期间,任远芳到站台商店买了东西。这时,

---

[1]《任弼时之女任远芳:平凡而快乐的俄文翻译》,《党史天地》2015年第32期。
[2] 2014年4月28日至29日,"纪念任弼时同志诞辰110周年学术研讨会"在湖南岳阳举行。任弼时女儿任远芳和女婿武盛源出席了研讨会和相关纪念活动,这是任远芳接受人民网记者独家专访时的谈话。
[3] 任远芳:《和爸爸一起生活的日子》,《党的文献》1994年第2期。

一个外国人知道他们坐的是专列，就用俄语询问她任弼时的身份。对于这件事，任远芳后来回忆说："我当时根本不知道什么保密工作，就跟他说我爸爸叫弼时。我当时就记住爸爸的名字了，'弼时'（音）在俄语里是'写字'的意思。后来那人又问我他是干什么的，我说我不知道。我是真的不知道，如果知道我可能就告诉他了。"回火车上之后，任远芳忍不住好奇，便问起任弼时的身份和职业来，任弼时回答说："我干一般工作，坐办公室。"[1]

回到北京之后，任弼时也从没和任远芳谈起过他的身份。一直到他去世，家里来了很多中央领导，工作人员给任远芳介绍说"这是周总理""这是朱老总"，任远芳才意识到任弼时也是个领导。任弼时是"五大书记"之一，那是任远芳后来才知道的事。

在任弼时这种低调朴实、平易近人精神的带动下，整个家庭也逐渐形成了淡泊名利的良好氛围。同任弼时一样，妻子陈琮英也是一个能够正确对待名利的人。对于母亲陈琮英，任远芳这样评价说："我的母亲（陈琮英）一生非常坎坷，吃尽了苦头，非常不容易。革命战争年代由于失散、夭折失去了5个孩子。中年丈夫去世，一个人独自拉扯4个孩子长大。晚年又承受丧子之痛，儿子任远远1995年过世。但是，她却很长寿，活到102岁。除了组织上的照顾，一个重要的原因就是她淡泊名利，从来不考虑个人私利，不向组织提要求。"[2]

任远芳大学毕业后，第一份工作是在北航负责购买飞机的业

---

[1] 任远志:《我的父亲任弼时》，沈阳：辽宁人民出版社，2007年，第288页。
[2] 杨瑞广、蔡庆新主编:《缅怀与研究》，北京：中央文献出版社，1995年，第186页。

务。在那里,她不但工作出色,深得领导和同事的喜爱,而且收获了自己的爱情。任远芳的先生武盛源,毕业于北航外语系,是任远芳的好友曾芳兰的同学。刚从北航毕业到学校工作的时候,任远芳一家和另外一家人合住一套不到45平方米的两室一厅的房子。任远芳说:"邻居一直都不知道我是谁的孩子,直到好多年以后参加活动时碰见,他们才知道我是谁。""直到我生了第二个孩子,这套两室一厅的房子才是我们一家人居住。""2004年父亲诞辰一百周年,任弼时纪念馆送邀请函给我,更多的人才知道我的真名。"[1]

受父母的影响,任远芳也教育自己的子女要低调做人。她说:"我的儿子从来不跟任何人谈任弼时的事情,周围好多人根本不知道他是任弼时的外孙。"任远芳说她不喜欢别人因为父亲的关系将她区别对待,"因为别人知道了会对我有各种照顾,那样我就是一个特殊的人,我不喜欢。"[2]

司马迁在《报任安书》中曾言:"人固有一死,或重于泰山,或轻于鸿毛。"人生的价值有时就体现在我们的选择和追求上面。有的人汲汲于名,却没有在群众心中留下丝毫印迹;有的人淡泊名利,却拥有非金钱所能衡量的群众的尊敬和爱戴。正如任远芳在回忆任弼时一生时所概括的那样:"应有尽有不算有,应有尽无才是有。""那些得名得利的人不算'真有',爸爸不追求那些虚浮的东西,而是一辈子为党和人民操劳。看似什么都没有,其

---

[1]《任弼时之女任远芳:平凡而快乐的俄文翻译》,《党史天地》2015年第32期。
[2]《父亲的爱温暖我一生——任弼时女儿任远芳的回忆》,《学习时报》2018年1月15日。

实他是活在人民心中的。"[1]

陈云：个人名利淡如水

同任弼时一样，中国共产党老一辈革命家陈云也有正确的名利观。陈云晚年为了锻炼身体，着手练写大字。他写得较多的条幅之一，就是"个人名利淡如水，党的事业重如山"。这两句话，是他对亲友和身边工作人员的提醒，也是他自己一生的写照。

陈云对名利一向看得很淡。他认为，个人在党的领导下做一些工作、取得一些成绩，首先应归功于党和人民。早在1945年党的七大上，他就专门在发言中针对部分干部的骄傲情绪"做交代"："对这个功劳怎样看法？我说这里有三个因素：头一个是人民的力量，第二是党的领导，第三才轮到个人。""我们是党员，在党的领导下，适合老百姓的要求，做了一点事，如此而已，一点不能骄傲。"[2]20世纪60年代初，青年出版社为编辑"红旗飘飘"丛书，组织人员撰写当时七位中央政治局常委青少年时代的革命故事。可当秘书把关于任弼时的那篇故事送他审阅后，他坚决不同意发表，明确表示自己和毛泽东、刘少奇、周恩来、朱德不能同一个规格。他立下的这条规矩，还应用于许多其他事情上。新中国成立后，干部待遇由供给制改为工资制，有关部门鉴于陈云是当时中央书记处五个书记之一，就把他的级别和毛泽

---

[1] 2014年4月28日至29日，任远芳出席了"纪念任弼时同志诞辰110周年学术研讨会"，这是她当时接受人民网记者独家专访时的谈话。

[2] 金冲及、陈群主编：《陈云传》（一），北京：中央文献出版社，2015年，第400页。

东、刘少奇、周恩来、朱德一样定为一级，可方案报到陈云那里时，他却主动把自己降为二级。[1]

　　陈云对名利的正确认识贯穿于他的整个人生。改革开放后，随着毛泽东等老一辈革命家相继去世，在党和国家主要领导人中，陈云和邓小平的威望最高。然而，在许多场合，陈云都在强调邓小平在全党的核心地位，不主张宣传他自己。1982年年初，为了配合当时党对思想作风的整顿，中央决定发表陈云在党的七大上的发言，并冠以《要讲真理，不要讲面子》的标题。文章发表后，报纸上刊发了几篇学习体会。陈云看到文章后，对秘书说："搞这个东西干什么？发表我那篇讲话就行了嘛，为什么还要登学习体会！这样搞不好，告诉他们，不要再登这些东西了，明天就刹车。这种事我要说话，自己不说话，别人不好说。"[2]1983年，当他听说《陈云文选》第一卷在发行宣传的规格上和《邓小平文选》一样时，便让秘书转告时任中央宣传部部长的邓力群，说自己的书在宣传规格上要比邓小平的书略低一些。[3]

　　党的十二大召开之前，中央组织部的一位负责人给陈云秘书打电话，说现在许多老干部在填写十二大代表的简历时，都将"学历"一栏按现有文化程度做了修改，有的填"相当高中"，有的填"相当大专"。他向陈云秘书请示，建议陈云也将原来填写的"高小毕业"改为"相当大专"。陈云听说后坚决不同意，他强调："不要改。简历中要填写的是指接受正规教育的情况，不

---

[1] 朱佳木：《陈云家风——共产党人家风的典范》，《百年潮》2015年第6期。

[2] 中共中央党史研究室、中央档案馆编：《中共党史资料》（总第94辑），北京：中共党史出版社，2005年，第113页。

[3] 朱佳木：《陈云家风——共产党人家风的典范》，《百年潮》2015年第6期。

是指实际水平。我只上过小学,只能写高小毕业。至于说实际水平,大家都清楚嘛。"[1]这样,陈云简历上的"学历"一栏仍写的是"高小毕业",之后也从没改过。

这样的例子还有不少。1989年夏,电视台放映了一部《陈云出川》的片子,描写1935年5月中央泸定会议决定派陈云前往上海重建白区党组织的沿途情景。陈云听说后,要来剧本读了一遍,然后给江泽民并中央政治局写了一封信,说:"这部片子的编制,是没有经过我同意的。我的这一段经历是很平常的,不值得作这样的宣传。而且,当时分路前往上海恢复白区工作的,除我以外,还有潘汉年、朱阿根、罗明等人。剧中很多内容是虚构的,与当时的实际情况不符,流传开来会产生很不好的影响。""为此,请中央把我的这封信批转有关部门,今后不要再放映《陈云出川》这部片子了。"[2]于是,电视台执行了中途停播的指示。1994年11月,中央文献研究室的一名负责人提出,1995年6月13日是陈云90岁诞辰,此前毛泽东、周恩来、刘少奇、邓小平等党和国家领导人的画册都已经出版了,是否请示一下陈云,把他那本画册也出版了吧。实际上,陈云的画册已编好七八年,因他不同意出版,一直压在他的办公室里。工作人员向陈云汇报了这件事,陈云却说:"这次权力下放了,请中央文献研究室定。"[3]过了一天,工作人员再去催促,他才勉强同意,并再三叮嘱:"画册上的照

---

[1] 朱佳木:《陈云家风——共产党人家风的典范》,《百年潮》2015年第6期。

[2] 金冲及、陈群主编:《陈云传》(四),北京:中央文献出版社,2015年,第1827—1828页。

[3] 中共中央文献研究室编:《陈云年谱(修订本)》(下),北京:中央文献出版社,2015年,第512页。

片不要光有我一个人的,还要有毛主席、周总理、少奇同志、朱老总、小平同志他们,也要有群众。"[1]工作人员回答说都有,他才点了头。

鉴于陈云为党的事业做出的丰功伟绩,为表达家乡人民对陈云深深的崇敬之情,让后代牢记革命先辈的光辉业绩,上海市青浦县(现青浦区)和练塘镇于1990年决定在陈云旧居的基础上建立"陈云同志革命历史陈列馆"。陈云得知后,专门带信给当地有关部门,要求不要搞个人的革命业绩陈列馆。他强调,一切应归功于党的正确领导,归功于革命人民的艰苦奋斗,离开了党和群众,个人的能耐再大,也势必一事无成。最后,根据陈云的意见,青浦县和练塘镇将建成的陈列馆在展出内容和范围上进行了调整,改为陈列青浦县各个时代的所有革命先驱的斗争历史和业绩,并正式命名为"青浦县革命历史陈列馆"。[2]

陈云晚年过着淡泊宁静的生活,但他仍不忘关心失学的贫困儿童。1994年4月6日,当他从新闻联播中听到中央机关为"希望工程"捐款的报道后,立即交代身边工作人员,从他的存款中取出5000元人民币,作为给"希望工程"的捐款,送到基金会。8日,这笔捐款送达位于北京后圆恩寺的中国青少年发展基金会。工作人员转达了陈云的意见:这笔钱捐助给革命老区、贫困地区的失学儿童。不久,这笔捐款落实到河南省卢氏县汤河乡、朱阳关乡、官坡乡和五里川乡16名因贫困而失学和即将失学的儿童

---

[1] 中共中央文献研究室编:《陈云年谱(修订本)》(下),北京:中央文献出版社,2015年,第512页。
[2] 吴志菲:《红墙外的布衣陈云》,《党史纵览》2015年第6期。

身上。[1]

陈云的言传身教，给家人带来了无形的影响。陈云的外孙女上小学时，周围同学都不知道她的家庭情况。直到1984年6月，《中国少年报》刊登了陈云和外孙女在一起练毛笔字的照片，这才引起学校师生的注意。班主任老师很感慨地对陈云的外孙女说："从你身上我看到了朴实，看到了老一辈无产阶级革命家的好传统。"[2]

古人云："宠辱不惊，闲看庭前花开花落；去留无意，漫随天外云卷云舒。"表达的就是一种对待名利的自如心境。对此，习近平总书记也强调党员干部要"在对待党和国家事业上始终保持进取之心，在对待人民赋予权力上始终保持敬畏之心，在对待个人名利地位上始终保持平常之心"[3]。在当今竞争激烈、诱惑纷繁的现实社会生活中，固守节操、淡泊名利固非易事。然而，只要我们树立陈云这样的名利观，不为浮云碍目，不为名利劳身，老老实实做人，踏踏实实做事，就定能经受住各种诱惑的考验，书写出高尚壮美的人生！

---

[1] 金冲及、陈群主编：《陈云传》（四），北京：中央文献出版社，2015年，第1852页。

[2] 蒋永清：《陈云同志的家风》，《学习时报》2017年2月6日。

[3] 《真抓实干实现"十二五"良好开局　奋发有为迎接建党90周年》，《人民日报》2011年4月11日。

余 论

从前述种种事迹中我们可以看出,以毛泽东同志为代表的中国共产党老一辈革命家形成的优良家风,主要包括爱党为民、尊亲重孝、尊师重道、清正廉洁、勤俭节约、严守纪律、淡泊名利等七个方面。这些优良家风的形成,是中国革命、建设和改革实践的产物,体现在三个方面:

首先,中国共产党老一辈革命家普遍受中国传统文化的教育和滋养,传统文化深深地植根于他们的价值观当中。

在研究和考察新中国成立之前的历史时,史学家史华慈强调:"如果撇开中国20世纪初期的一般思想政治史,就无法探讨共产主义领导阶层的理念。这些人中的大部分或多或少,都曾接触过那段时期的一般思想话语。"[1]这是从思想发展的延续性角度对20世纪上半期思想史研究做出的精辟论断。同理,当我们面对老一辈革命家家风的形成问题时,也应注意这一"传统背景"的影响。老一辈革命家大多出生于19世纪末20世纪初,这一特定的历史场景,决定了他们早年将不可避免地受到传统文化的熏陶和浸染。毛泽东对传统文化的信手拈来和了然入怀即是明证。

---

[1] [美]本杰明·史华慈:《思想的跨度与张力——中国思想史论集》,郑州:中州古籍出版社,2009年,第15页。

少年毛泽东很相信孔孟之道,他从《三字经》《百家姓》《增广贤文》、"四书""五经"等普及读物入门,逐渐接触深刻影响其一生的儒家文化传统,以至于他后来竟把自己的私塾生活概括为"六年孔夫子"[1]。周恩来的成长与读书求学生涯也同传统文化相伴而行。正如有学者曾指出的,"周恩来人格魅力的底蕴映衬着中国土壤的浸润和人民的哺化"[2],他的崇高人格"是中华民族传统美德与坚定的共产主义信仰在20世纪中国国情中集于一身的高度体现"[3]。刘少奇8岁那年,父亲就送他到柞木冲私塾读书,他是从阅读《三字经》《千字文》《论语》《中庸》等传统典籍开始接受的启蒙教育。[4]朱德、任弼时、陈云、邓小平等老一辈革命家自小也无不深受传统文化的教育和滋养。

  应该说,这方面的影响是显而易见的。中国自古以来就提倡"老有所终,幼有所养",形成了尊老爱幼的家庭道德传统。它倡导人们不仅要孝敬自己的长辈,还要懂得尊重别的老人,爱护年幼的后辈。在全社会形成尊老爱幼的淳朴之风,这本身就是老一辈革命家家风的重要内容。另外,作为中国传统文化的重要组成部分,家训、家规内含孝亲敬长、清廉自守、宽厚谦恭、谨言慎行等诸多丰富而有意义的内容,它们能够反映出一个家庭的核心价值观,在中国历史上对人们的修身、齐家起过重要作用。其中

---

[1] 逄先知、金冲及主编:《毛泽东传》(一),北京:中央文献出版社,2010年,第6页。

[2] 南开大学周恩来研究中心编:《中外学者再论周恩来——第二届周恩来国际学术研讨会论文集》,北京:中央文献出版社,1998年,第93页。

[3] 同上书,第807页。

[4] 金冲及主编:《刘少奇传(1898—1969)》(上),北京:中央文献出版社,2008年,第3页。

可资借鉴的部分,也被老一辈革命家继承下来。周恩来为家庭定下的"不谋私利,不搞特殊化"的"十条家规",陈云为亲人制定的"三不准"等,都十分显著地体现出这一点。

其次,老一辈无产阶级革命家吸收了马克思主义的家庭观,并将其基本理念与中国革命、建设和改革的具体实践相结合,在此过程中,他们创造性地发展了马克思主义。

20世纪早期,作为中国历史上一次空前的思想大解放运动,新文化运动动摇了封建思想的统治地位。尽管这场运动在对中国传统文化的批判继承方面存在形式主义和狭隘性缺陷,但其形成的社会思潮却影响深远。新文化运动之后,随着封建文化的逐渐式微和西方思想的大量传入,中国家风建立的基础发生了变化,从原有的以儒家文化、中国古代为人处世之道为基础,变成了以中国优秀传统文化、马克思主义、西方教育学等为基础,其表现形式主要是书信或文稿。以此论之,老一辈革命家家风有很强的吸纳性,一是对中国优秀传统文化的吸纳,二是对西方科学尤其是马克思主义的吸纳。

马克思、恩格斯的家庭观是马克思主义全部学说的重要组成部分,其形成历经了一个逐步发展、不断完善的过程。马克思认真研读过摩尔根的《古代社会》一书,并出版了《摩尔根〈古代社会〉一书摘要》。后来,恩格斯根据这本书以及自己搜集到的资料出版了《家庭、私有制和国家的起源》。在这部著作中,恩格斯提出了一系列关于家庭问题的理论观点。此外,马克思、恩格斯在《共产党宣言》《德意志意识形态》《1844年经济学哲学手稿》等文中都阐述了家庭的相关问题。在《德意志意识形态》一文中,他们提道:"每日都在重新生产自己生命的人们开始生产另外一些人，即繁殖。这就是夫妻之间的关系，父母和子女之间的关系，也就是家庭。"[1] 他们还对家庭的本质进行了初步研究和探索，认为家庭的本质是社会关系，即夫妻关系和父母子女关系，家庭是人类自身生产得以进行的形式。

在马克思、恩格斯的家庭观中，他们尤其强调家庭中夫妻关系的和谐，特别重视爱情的高尚和纯洁。恩格斯曾经指出："这一代男子一生中将永远不会用金钱或其他社会权力手段去买得妇女的献身；而这一代妇女除了真正的爱情以外，也永远不会再出于其他某种考虑而委身于男子，或者由于担心经济后果而拒绝委身于她所爱的男子。"[2]

在子女教育方面，马克思、恩格斯认为家庭是子女受教育的重要场所，父母对子女的教育方式对代际关系和谐具有十分关键的作用。他们认为，父母应该以平等的态度教育孩子，应该尊重子女个性的发展，积极提供建议，而不是强迫子女去做事。他们还非常重视对子女全面发展的教育，引导他们从小树立崇高理想和远大目标，培养他们读书、写作的兴趣爱好，并帮助他们养成锻炼身体的习惯。

中国共产党老一辈革命家在领导中国人民进行革命、建设和改革的过程中，面对不同时期、不同类型的家庭问题时，继承了马克思、恩格斯阐述的关于家庭问题的基本观点。如在关于婚姻爱情及夫妻关系问题上，以毛泽东、邓小平为代表的中国共产党

---

[1] 中共中央马克思恩格斯列宁斯大林著作编译局编译：《马克思恩格斯文集》(第一卷)，北京：人民出版社，2009年，第532页。

[2] 中共中央马克思恩格斯列宁斯大林著作编译局编译：《马克思恩格斯文集》(第四卷)，北京：人民出版社，2009年，第96—97页。

各届领导集体，均提倡以恋爱为基础的婚姻自由，强调夫妻关系和睦。又如在亲子关系方面，毛泽东十分注重对子女的家庭教育，邓小平强调要加强家庭建设，这都是马克思、恩格斯家庭观中"代际关系要和谐"思想的体现。再如，在家国关系方面，毛泽东主张家与国辩证统一的思想，周恩来提出勤俭建国与勤俭持家的有关方针政策等，都是对马克思、恩格斯家庭观的继承。

最后，老一辈革命家通过总结革命斗争和社会主义建设、改革的经验，对中国优秀传统文化进行了创造性转化，形成了以爱党为民、尊亲重孝、尊师重道、清正廉洁、勤俭节约、严守纪律、淡泊名利等内容为内核的家风。

"十月革命一声炮响，给我们送来了马克思列宁主义。"[1] 五四时期，马克思主义的爱情观、婚姻家庭观开始在中国广泛传播。李大钊、毛泽东、周恩来等老一辈革命家在接受马克思主义革命理论的同时，也接受了马克思主义的爱情观、婚姻家庭观。他们在批判继承中国传统的婚姻家庭观基础上，提出了符合中国国情的婚姻家庭观。建党伊始，中国共产党的家庭建设思想是与时代同步发展的，基本上能够适时地根据社会发展的客观要求和婚姻家庭关系的需要引领婚姻家庭建设。"中国共产党以婚姻家庭为突破口，在所进行的各项社会改革、改造运动中，重塑新的民族国家和新的社会秩序。历史证明，中国共产党的婚姻家庭建设思想与实践在不同的时期都有着非常重要的社会意义。"[2]

---

[1] 毛泽东：《毛泽东选集》（第四卷），北京：人民出版社，1991年，第1471页。

[2] 宋学勤：《中国共产党引领婚姻家庭建设的策略选择与社会意义》，《江海学刊》2012年第2期。

新中国成立后,家庭建设成为服务于新中国社会建设的一项重要内容。新中国初期婚姻家庭制度的推行,标志着中国传统婚姻家庭中的许多旧习俗被抛弃,预示着家庭传统的变迁及社会生活的深层次变化。在短短数年间,中国共产党便基本取得了全国范围内的"反封建"的胜利,使中国社会完成了从民主革命向社会主义革命的转变。改革开放以来,中国共产党家庭建设的重点转移到稳定、保障和巩固婚姻家庭建设上来,这在一定程度上满足了民众诉求,产生了良好的社会效应,推动了婚姻家庭建设新局面与多元社会生活的初步形成。

可以说,中国共产党每一次婚姻家庭观的革新都带来家风思想和实践的更新。正是在总结革命斗争和社会主义建设、改革的经验过程中,中国共产党老一辈革命家批判地融入中国传统文化中优秀的价值取向,形成了以爱党为民、尊亲重孝、尊师重道、清正廉洁、勤俭节约、严守纪律、淡泊名利等为内核的家风。

参考文献[1]

一、文献资料

中共中央文献编辑委员会编:《陈云文选(1926—1949)》,北京:人民出版社,1984年。

中共中央文献研究室编:《邓颖超文集》,北京:人民出版社,1994年。

金冲及主编:《刘少奇传(1898—1969)》(上、下),北京:中央文献出版社,2008年。

金冲及主编:《朱德传》(修订本),北京:中央文献出版社,2006年。

刘崇文、陈绍畴主编:《刘少奇年谱(1898—1969)》(上、下卷),北京:中央文献出版社,1996年。

刘少奇:《刘少奇选集》(上卷),北京:人民出版社,1981年。

刘少奇:《刘少奇选集》(下卷),北京:人民出版社,1985年。

毛泽东:《毛泽东选集》(全四卷),北京:人民出版社,1991年。

---

[1] 参考文献各部分按作者姓名首字母顺序排列。

逄先知、金冲及主编:《毛泽东传》(全六卷),北京:中央文献出版社,2010年。

中共中央文献研究室编:《毛泽东年谱(1893—1949)》(中卷),北京:中央文献出版社,2002年。

任弼时:《任弼时选集》,北京:人民出版社,1987年。

吴殿尧主编:《朱德年谱(新编本)》,北京:中央文献出版社,2006年。

杨尚昆:《杨尚昆日记》(上),北京:中央文献出版社,2001年。

周恩来:《周恩来书信选集》,北京:中央文献出版社,1988年。

中共中央文献研究室、中共湖南省委《毛泽东早期文稿》编辑组编:《毛泽东早期文稿》,长沙:湖南人民出版社,2008年。

中共中央文献研究室编:《毛泽东文集》(第六、七卷),北京:人民出版社,1999年。

中共中央文献研究室编:《毛泽东书信选集》,北京:人民出版社,1983年。

中共中央文献研究室第二编研部编著:《刘少奇自述》,北京:国际文化出版公司,2009年。

中共中央文献编辑委员会编:《周恩来选集》(上、下),北京:人民出版社,2004年。

中共中央文献研究室、南开大学编:《周恩来早期文集》(上、下卷),北京:中央文献出版社;天津:南开大学出版社,1998年。

中共中央文献研究室编:《周恩来年谱:1898—1949》(修订

本），北京：中央文献出版社，1998年。

金冲及主编：《周恩来传》（一、三），北京：中央文献出版社，2011年。

中共中央文献研究室第二编研部编著：《周恩来自述》，北京：国际文化出版公司，2009年。

中共中央文献研究室第二编研部编：《邓颖超书信选集》，北京：中央文献出版社，2000年。

中共中央文献编辑委员会编：《朱德选集》，北京：人民出版社，1983年。

中共中央文献研究室第二编研部编著：《朱德自述》，北京：国际文化出版公司，2009年。

中共中央文献研究室编：《任弼时年谱》（1904—1950），北京：中央文献出版社，2014年。

中共中央文献研究室编：《任弼时书信选集》，北京：中央文献出版社，2014年。

中共中央文献研究室编：《邓小平传：1904—1974》（上、下），北京：中央文献出版社，2014年。

冷溶、汪作玲主编：《邓小平年谱：1975—1997》（上、下），北京：中央文献出版社，2007年。

中共中央文献研究室编：《邓小平文集：1949—1974》（上、中、下卷），北京：人民出版社，2014年。

中共中央文献研究室第二编研部编著：《邓小平自述》，北京：国际文化出版公司，2009年。

中共中央文献研究室编：《陈云文集》（全三卷），北京：中央文献出版社，2005年。

中共中央文献研究室编:《陈云年谱(修订本)》(上、中、下卷),北京:中央文献出版社,2015年。

中共中央文献研究室编:《陈云传》,北京:中央文献出版社,2015年。

章学新主编:《任弼时传》,北京:中央文献出版社,2014年。

二、研究著作

曹英:《中共早期领导人活动纪实》,北京:改革出版社,1999年。

陈云故居暨青浦革命历史纪念馆编:《走近陈云——口述历史馆藏资料辑录》,北京:中央文献出版社,2008年。

《陈云家风》编辑组编:《陈云家风:于若木及陈云子女访谈录》,北京:新华出版社,2005年。

程兆盛编:《周恩来人际交往实录》,南京:江苏文艺出版社,1993年。

邓在军主编:《你是这样的人——回忆周恩来口述实录》,北京:人民出版社,2013年。

丁晓平:《家世·家书·家风:毛泽东的亲情故事》,北京:中央文献出版社,2006年。

东义、阿勇编著:《伟人的家风》,成都:四川人民出版社,1992年。

高中华、尹传政:《毛泽东与共和国非常岁月》,北京:人民出版社,2013年。

顾洪章主编:《中国知识青年上山下乡始末》,北京:中国检察出版社,1997年。

中国青年出版社编:《红旗飘飘》(20集),北京:中国青年出版社,1980年。

黄爱国、杨桂香:《安源路矿工人运动研究》,南昌:江西人民出版社,2013年。

中共江苏省委省级机关工委、江苏省周恩来研究会编:《全党楷模周恩来》,北京:中央文献出版社,2005年。

黄允升等:《红色档案:毛泽东与中共早期领导人》(上、下),北京:西苑出版社,2012年。

黄祖琳:《刘少奇家世》,上海:上海人民出版社,2009年。

侯树栋主编:《一代伟人陈云》,北京:人民出版社,2005年。

孔祥涛、孙先伟、刘翔宇:《毛泽东家风》,北京:中国文史出版社,2013年。

李海文主编:《周恩来家世》,北京:党建读物出版社,1998年。

李敏:《我的父亲毛泽东》,沈阳:辽宁人民出版社,2001年。

李新芝、谭晓萍主编:《刘少奇纪事:1898—1969》(上),北京:中央文献出版社,2011年。

李新芝、谭晓萍主编:《朱德纪事:1886—1976》(上),北京:中央文献出版社,2011年。

刘金田、毛胜编著:《他们为什么选择中国共产党》,贵阳:贵州人民出版社,2012年。

罗平汉等:《党史细节——中国共产党90年若干重大事件探源》,北京:人民出版社,2011年。

吕章申主编:《周恩来》,上海:上海教育出版社,2014年。

毛新宇：《母亲邵华》，北京：中国工人出版社，2014年。

韶山毛泽东纪念馆编著：《毛泽东生活档案》（下），北京：中共党史出版社，1999年。

《秘书工作》杂志社主编：《高层秘书：55位党政军领导秘书亲历》，北京：中共党史出版社，2010年。

中央文献研究室《缅怀毛泽东》编辑组编：《缅怀毛泽东》（上），北京：中央文献出版社，1993年。

刘学民主编：《朱德的故事》，成都：天地出版社，2006年。

秦九凤：《炫公集》，北京：中国文史出版社，2004年。

权延赤：《卫士长谈毛泽东》，北京：人民日报出版社，2010年。

史全伟主编：《生活中的老一代革命家》（上），北京：中央文献出版社，2008年。

石仲泉、陈登才主编：《中国共产党早期革命家的故事》（全八册），北京：中共党史出版社，1996年。

［美］斯图尔特·R.施拉姆：《毛泽东的思想》，田松年、杨德等译，北京：中国人民大学出版社，2006年。

孙宝义、刘春增、邹桂兰编著：《勤俭廉洁的毛泽东家风》，沈阳：万卷出版公司，2016年。

谭逻松主编：《韶山文博2010》，湘潭：湘潭大学出版社，2011年。

谭幼萍主编：《朱德思想研究资料》，北京：中央文献出版社，2013年。

谭幼萍主编：《朱德生平研究资料》，北京：中央文献出版社，2013年。

力平、何建东、梁进珍编:《田家英谈毛泽东思想》,成都:四川人民出版社,1991年。

田延光、孙弘安主编:《红色记忆:中央苏区故事集》(第二辑),南昌:江西人民出版社,2012年。

彤丹、鲁崇明编著:《朱德的故事》,太原:山西人民出版社,1998年。

王炳仁、高友德、赵薇薇、石英编:《名人家教集锦》,北京:中国青年出版社,1987年。

王宪章等编写:《革命家风》,南昌:江西人民出版社,1965年。

吴青岩主编:《品读红色家书》,北京:中央文献出版社,2006年。

夏佑新主编:《韶山毛泽东研究》,湘潭:湘潭大学出版社,2011年。

萧超然、梁柱、汪其来主编:《中共党史简明词典》,北京:解放军出版社,1986年。

肖伟俐:《家风》,北京:新华出版社,2006年。

谢柳青编著:《毛泽东家书》,郑州:中原农民出版社,1999年。

淮安周恩来邓颖超研究会编:《学习周恩来永葆先进性》,北京:中国文史出版社,2005年。

杨祖恒、王鼎宏主编:《革命前辈教子家书》,南京:南京大学出版社,2000年。

于俊道主编:《刘少奇实录》,北京:中国工人出版社,2012年。

袁守芳、胡家模编著:《周恩来的风格》,北京:中央文献出版社,1995年。

张丁主编:《抗战家书》,北京:中国画报出版社,2007年。

张开明主编:《江淮情深:周恩来和江苏》,北京:中央文献出版社,2013年。

张珊珍主编:《建党伟业》,北京:人民日报出版社,2011年。

张曙:《中央纪委第一书记陈云》,北京:中国方正出版社,2015年。

张幼平、程华编著:《中国共产党早期领导人的故事》,太原:山西人民出版社,1998年。

赵大义:《毛泽东》,北京:中央文献出版社,2006年。

赵炜:《西花厅岁月:我在周恩来邓颖超身边三十七年》,泠风执笔,北京:社会科学文献出版社,2009年。

中共北京市委党史研究室、京华时报社编:《家风的传承:我们家鲜为人知的抗战故事》,北京:燕山出版社,2015年。

中共中央文献研究室刘少奇研究组编著:《刘少奇》,成都:四川人民出版社,2009年。

中共中央文献研究室朱德研究组编著:《朱德》,沈阳:辽宁人民出版社,2016年。

韶山毛泽东同志纪念馆、湘潭大学毛泽东思想研究中心编:《中国出了个毛泽东》,北京:人民出版社,2006年。

中共中央文献研究室编著:《陈云画传》,杭州:浙江人民美术出版社,2011年。

周保章、周晓瑾主编:《年年岁岁海棠开——总理家人的亲情追忆》,济南:山东人民出版社,2013年。

周秉德等：《亲情西花厅：我们心中的伯父伯母》，北京：红旗出版社，2008年。

周秉德：《我的伯父周恩来》，铁竹伟执笔，沈阳：辽宁人民出版社，2000年。

李新芝、刘晴主编：《周恩来纪事（1898—1976）》（上），北京：中央文献出版社，2011年。

周海滨：《家国光影——开国元勋后人讲述往事与现实》，北京：人民出版社，2011年。

周立文、袁祥主编：《家风家教的故事》，北京：光明日报出版社，2015年。

朱佳木：《论陈云》，北京：中央文献出版社，2010年。

朱敏：《我的父亲朱德》，顾保孜执笔，沈阳：辽宁人民出版社，2001年。

三、期刊论文

《朱德外孙刘建、刘敏、刘武：并不遥远的朱德家风》，《党史天地》2015年第25期。

陈伟华、朱东君：《陈云家风》，《领导文萃》2015年第21期。

陈新征、夏佑新：《从遗物看毛泽东艰苦朴素的家风》，《毛泽东思想研究》2010年第27卷第2期。

陈新征：《毛泽东家书中的亲情世界》，《党史文汇》2015年第8期。

《陈云家书两封》，《党的文献》1999年第3期。

《陈云家庭两辆"红旗车"的故事》，《南方都市报》2015年6月12日。

邓琼、朱娟、陈欣：《周恩来的两封家书》，《世纪桥》2012年第4期。

杜建国：《从毛泽东的"家书"说起》，《湖北社会科学》1999年第2期。

杜娟：《陈云的家风建设思想及其现实启示》，《红广角》2016年第7期。

符国凡、周霞飞：《"冒险奋勇男儿事"——任弼时赴莫斯科前夕家书解读》，《湘潮（上半月）》2016年第6期。

何笙、董天顺：《周总理给我们留下好家风——访周恩来侄子周保章》，《走向世界》2016年第29期。

胡昌方：《清正廉明好家风》，《光明日报》2014年8月23日。

江涛、陈慧：《周恩来的〈十条家规〉》，《文史天地》2015年第5期。

蒋永清：《陈云同志的家风》，《学习时报》2017年2月6日。

孔业礼：《邓小平："家庭是个好东西"——兼及毛泽东、周恩来、刘少奇、朱德等领导人有关共产党人应如何对待家庭的论述》，《党的文献》2010年第6期。

廖心文：《周恩来同志的家风》，《学习时报》2017年1月30日。

李颖、王刚：《刘少奇同志的家风》，《学习时报》2017年2月3日。

刘春秀：《党的机要保密工作的开拓者和奠基人——周恩来》，《保密工作》1993年第1期。

刘国新、王健：《毛泽东与曾国藩子女读书教育思想对比——以毛泽东、曾国藩家书为例》，《毛泽东思想研究》2013年第3期。

刘建：《抗战烽火中的朱德家书》，《党史纵横》2016年第12期。

路来谦：《参加李讷婚礼记事》，《领导文萃》2008年第4期。

罗淑蓉：《朱德的家教和家风》，《党史文苑》2017年第9期。

孟素：《革命前辈开家庭会严正家风纪事》，《党史文苑》2012年第7期。

王一：《那些年，中南海里的年夜饭》，《解放日报》2014年1月24日。

聂文婷、罗平汉：《毛泽东同志的家风》，《学习时报》2017年1月27日。

任芳瑶：《朱德的家风》，《党史纵览》2017年第5期。

史哲：《毛泽东后人现状》，《南方周末》2007年4月12日。

孙中华：《刘少奇为民务实清廉二三事》，《红广角》2014年第1期。

王达阳：《邓小平的"家书"》，《学习时报》2017年3月27日。

王建柱：《毛泽东家书中的儿女情长》，《文史精华》2013年第9期。

王若朴：《以普通劳动者自居，不搞特殊化——学习和弘扬陈云的治家理念与家风传承》，《新湘评论》2015年第1期。

王为衡：《毛泽东家书中的家风传承》，《前线》2014年第3期。

魏芬：《小家书中的大道理——从家书看刘少奇教育子女的几个观点》，《党的文献》2013年第5期。

卫炜：《邓小平同志的家风》，《学习时报》2017年2月3日。

吴文珑：《刘少奇教子改过》，《人民日报》2015年5月19日。

许述:《朱德入党的一波三折》,《党的文献》2010年第3期。

杨志强:《平民家风——刘少奇教育子女侧记》,《湘潮》2008年第11期。

张红岭:《从陈云一封家书谈起》,《学习时报》2012年9月17日。

张秋兵:《周恩来八婶母的身后事》,《各界》2014年第7期。

单洁:《周恩来"十条家规":干部家风的一面镜子》,《共产党员(河北)》2017年第4期。

朱德:《朱德写给妻子的抗战家书》,《党史文汇》2017年第8期。

《朱德入党》,《百年潮》2015年第4期。

朱和平:《朱德家风:以德树人,勤俭持家》,《光彩》2016年第1期。

朱佳木:《陈云家风——共产党人家风的典范》,《百年潮》2015年第6期。

朱习文:《朴实家风 松柏情怀——王光美谈刘少奇教子》,《湖南党史》1998年第6期。

后　记

自我开始着手思考和写作《老一辈革命家家风》以来，便一直在不断追问这样一个问题，即老一辈革命家家风在当下是否还有继续存在的意义。毕竟，随着中国对外开放和现代化进程的推进，包括家风在内的涉及传统的诸多方面，已渐渐被人们淡忘和舍弃。在今人的家庭生活中，家庭教育或许是经常的，但家风的培育和构建则逐渐淡出我们的视野。在这样的情况下，本书的写作又有什么意义呢？

在搜集资料和完成写作的过程中，我逐渐对这一问题有了肯定的认识。老一辈革命家家风实在是一个巨大的宝库，当中有太多"营养"值得我们汲取。当我读到毛泽东致子女书信中的殷切期望，周恩来"十条家规"中的谆谆告诫，刘少奇"幸福之家"的甘淳质朴，朱德抗战家书中的拳拳深情，陈云"三不准"中的清正淡泊，邓小平"待继母如生母"的至孝情怀……无不为他们的高尚人格和严明家教深深感动。可以说，正是这些优良家风，构成了老一辈革命家崇高人格风范的重要内容；也正是这些优良家风，缩影式地反映出了中国共产党在长期的革命、建设和改革过程中形成的一系列优良传统和作风。因此，本书所叙述的家风内涵，不但在当时，就是在如今乃至遥远的未来，仍具有其长久的精神价值和现实意义。习近平总书记指出："家风好，就能家道兴盛、和顺美满;家风差,难免殃及子孙、贻害社会。""从近年来查处的腐败案件看,家风败坏往往是领导干部走向严重违纪违法的重要原因。"这些话,不正体现了家庭美德传承和家风建设在当今人们的家庭生活乃至党员干部政治生活中的重要意义吗?

本书承蒙生活·读书·新知三联书店的接纳和认可得以顺利出版,在此致以诚挚谢意。在写作和完善本书的过程中,中共中央党校党史部罗平汉教授在研究资料、篇章布局、叙述理念等多方面给予了指导,为本书的最终付梓付出了辛劳,在此表示深深感谢!

由于著者才疏学浅,书中难免有疏漏和舛误,不尽之处望各位读者海涵。

吴文珑

2019年除夕于四川